2020 Chengdu Park City International Garden Festival & the 3nd BFU International Garden-making Festival

2020年成都公园城市国际花园节暨第三届北林国际花园建造节

公园城市 花重锦城

成都市公园城市建设管理局
北京林业大学园林学院
成都市公园城市建设发展研究院

编著

中国发展出版社
CHINA DEVELOPMENT PRESS

图书在版编目（CIP）数据

公园城市　花重锦城／成都市公园城市建设管理局，北京林业大学园林学院，成都市公园城市建设发展研究院编著. — 北京：中国发展出版社，2021.5

ISBN 978-7-5177-1251-0

Ⅰ.①公… Ⅱ.①成… ②北… ③成… Ⅲ.①城市建设－成都 Ⅳ.①F299.277.11

中国版本图书馆 CIP 数据核字（2021）第 023911 号

书　　名：公园城市　花重锦城
著作责任者：成都市公园城市建设管理局
　　　　　　北京林业大学园林学院
　　　　　　成都市公园城市建设发展研究院
出 版 发 行：中国发展出版社
联 系 地 址：北京经济技术开发区荣华中路 22 号亦城财富中心 1 号楼 8 层（100176）
标 准 书 号：ISBN 978－7－5177－1251－0
经　销　者：各地新华书店
印　刷　者：北京毅峰迅捷印刷有限公司
开　　本：787 mm × 1092 mm　1/16
印　　张：21
字　　数：200千字
版　　次：2021年5月第1版
印　　次：2021年5月第1次印刷
定　　价：148.00元

联 系 电 话：（010）68990630　68990692
购 书 热 线：（010）68990682　68990686
网 络 订 购：http：//zgfzcbs. tmall. com
网 购 电 话：（010）68990639　88333349
本 社 网 址：http：//www. develpress. com
电 子 邮 件：174912863@ qq. com

编委会
Editorial Board

25 个花园建造团队及成员

Members of the Garden Construction Team

北京林业大学《庄生梦·迷蝶》	指导教师:	郑小东 张诗阳
	参赛学生:	廖丹妍 杨艺文 郑睿楠 谭玲千 赵祎祺 吴媛玉
天津大学《帘幕卷》	指导教师:	王洪成 胡一可
	参赛学生:	郭茹 张文正 邓唐敏 顾阳 臧青茹 温雯 杨婷婷 赵玥
重庆大学《森之秘语》	指导教师:	夏晖 罗丹
	参赛学生:	汤思琦 廖文静 叶馨 李丝倩 高群 黄荧 冯诗雁 尹子佩
西北农林科技大学《尘垣》	指导教师:	李志国
	参赛学生:	徐艺峰 张乐其 王逸涵 温静怡 范世玉 杨可欣 张茜 丁枭
北京林业大学、清华大学《迷笙》	指导教师:	郑小东 段威
	参赛学生:	高嘉阳 赵书涵 孙千翔 朱临昕 马迎雪 韦明洁 张佳艺 乌家宁
华南农业大学《细胞魔方》	指导教师:	李梦然 李剑
	参赛学生:	杨楠 张译雯 刘康 刘蓉 黄曼仪 陈沐华 杨晴
北京林业大学《隐亭》	指导教师:	郑小东 段威
	参赛学生:	王潇然 杨柳 薛婧 张雅迪 邓牧云 张涵林 汤大为 Wala Ali Hasan Shobil
北京林业大学《别有洞天》	指导教师:	段威 郝培尧
	参赛学生:	杨薪煜 李雪 蒋紫莹 何立飞 陈鲁 李曾莲 唐丰芸
北京建筑大学《莫比乌斯》	指导教师:	李梦一欣 张振威
	参赛学生:	韩希元 贾雨薇 刘丹帅 陈肇晖 刘雨杉
华南理工大学《未知》	指导教师:	谢纯
	参赛学生:	黄海琪 徐琦 何静 马晓旭 杨扬 潘麒羽 梁杰麟 刘宇嘉
山东建筑大学《悬镜》	指导教师:	李学东 宋凤
	参赛学生:	苗行健 庞国航 孙姿旋 王炜 姚海啸 刘子墨 王宇鹏
上海交通大学《觅羽》	指导教师:	陈霆 张洋 于冰沁
	参赛学生:	崔自佳 陈宇钢 张恩嘉 曹一丹 吴佳远 赖佳妮 汤颖慧 杨清枫
西安建筑科技大学《曲竹取径趣山》	指导教师:	武毅
	参赛学生:	赵虎宸 朱莉梅 许保平 罗伍春紫 王育辉 谢欣阳 马樱宸 李康华

西北农林科技大学《太虚幻境》
指导教师：张新果 罗西子
参赛学生：蒲宝婧 刘恒君 陈江为 龙科良 肖旎珺 王皓松 刘熙宇 杨雪刚

华中科技大学《一方·竹里》
指导教师：苏畅 戴菲
参赛学生：孙培源 丁璐 裴子懿 王佳峰 邱悦 蔡卓霖 李姝颖 杨超 赵广旭

北京林业大学《织影》
指导教师：郑小东 赵晶
参赛学生：练则可 陈然 沈子晗 郝慧超 姜昕怿 邵壮 张烨 凌怡晨

北京林业大学《觅水影》
指导教师：王向荣 赵晶
参赛学生：张沚晴 刘琦 马琳 吴沿羲 吴雨轩 蒋鑫 李见哲 霍达

四川农业大学《蜀韵幽景》
指导教师：陈其兵 郭丽
参赛学生：谢守红 姜宇馨 畅雨婷 唐可柚 张姮 龙傲宇 杨史前

西南交通大学《隧·燧》
指导教师：周斯翔 吴然
参赛学生：贺肖淇 陈镜伊 吴天昊 张润旋 黄浩鹏 唐雨倩 张柏森 刘百川

四川大学《蜀中茶器》
指导教师：李沄璋 李恒
参赛学生：吴颖 孙禄鹏 张慧珍 王瑾瑄

西南大学《蜀山秘境》
指导教师：周建华 孙松林
参赛学生：邓思桥 李武肸 李乾 丁双鑫 侯文武 祝赛男 白余迦 张梦屿

成都理工大学、南京师范大学中北学院《梦·蝶》
指导教师：徐巧 莫妮娜
参赛学生：杨弋渟 雷语 余柯瑶 王嵬生 潘攀 金凤

西华大学《轮回之境》
指导教师：曹伦 钟锦玉
参赛学生：许立顺 李竟语 徐浩可 吴悠 王茜 乔巧 周玉双 王丽萍

重庆交通大学《“Zhu”梦蜀境》
指导教师：罗融融 温泉 蔡贤云
参赛学生：宋雨芮 杨涛 肖佳妍 夏宇晨 张沂珊 牟鹏 邱雅雄 刘淘孟

西南民族大学《月中梦蝶》
指导教师：陈娟 曾昭君
参赛学生：田琳璐 刘喻 冯志军 于晨曦 江钰栎 李荣乔 李航

特别鸣谢
Acknowledgement

中国风景园林学会

国际竹藤组织

中国建筑学会园林景观分会

协作建造单位
Collaborative Organizers

成都天府绿道公司

成都市公园城市建设发展研究院

成都市花木技术服务中心

成都市公园城市园林绿化事业发展中心

成都市绿化工程队

成都市绿化工程三队

成都市林草种苗站

成都市草堂花圃

成都大熊猫繁育研究基地

成都动物园

成都市人民公园

成都市植物园

成都市望江楼公园

成都市百花潭公园

成都市文化公园

成都市园林建设技术服务中心

成都市湿地保护中心

序 1
公园城市：竹与花的相逢

纵览延续 2300 多年的成都建城史，关于“花”与“竹”的主题始终贯穿其间。

流寓蓉城的杜甫，在他人生这段难得的幸福美好时光中，写下了“花重锦官城”的绝妙诗句，成为千载以来描绘成都最令人耳熟能详的著名诗作。

留下了无数美丽传说的才女薛涛，是“蜀中四大才女”之一。与锦江涛声相伴千年的望江楼，还有楼畔生生不息的翠竹，成为无数文人墨客追忆这位女诗人独特风姿的最好承载。

繁花伴竹而开，竹间花香氤氲……

时光流转，迎来千年之变的成都，在公园城市建设的进程中，再次与“竹和花”的艺术相逢！

2020 年 10 月，已在北京林业大学校园连续举办过两届的“北林国际花园建造节”，经过成都市公园城市建设管理局的邀请沟通，首次走出北京，落地成都。10 月 19 日，2020 年成都公园城市国际花园节暨第三届北林国际花园建造节在成都桂溪生态公园隆重开幕。

能如百炼钢，能成绕指柔！

竹子的奇妙属性与高校学子的奇思妙想紧密相融之后，呈现出了一个个或精巧玲珑、或磅礴雄浑、或妙然天成的艺术精品。在花的环护中，那些被绳索绑扎而成的竹构作品，以艺术的语言阐释了生活的美好和对未来的期许。

在“公园城市 花重锦城——成都生活美学 天府花园魅力”这一主题下，25 组风格内容各异的竹构花园，经过来自中国风景园林学会、国际竹藤组织、中国城市建设研究院、清华大学、北京林业大学、同济大学等机构和高校的知名专家现场打分评比后，竞赛组评选出一等奖作品 3 件、二等奖作品 5 件、三等奖作品 9 件，邀请组评选出一等奖作品 1 件、二等奖作品 3 件、三等奖作品 4 件。

锦城秋高、惠风和畅，暖阳宜人、观者如潮。在持续一个月的展示期内，这些竹构花园迎来了数十万市民游客，迅速成为全城关注热议的话题，一张张打卡照片在无数人的朋友圈里流转，一篇篇关于花园节的报道诠释着作品的蕴意、工艺的精妙。在此期间，先后有多个省内外的考察团到现场参观，见证了成都建设践行新发展理念的公园城市示范区的探索和经验。

一个小小的竹构花园，是设计水平、材料处理、美学理念、场景营造等多维能力的综合体现。成都引入举办如此高水平的艺术性花园展，对进一步提升公园城市的艺术设计、景观打造等都将起到巨大促进作用，一批优秀人才和优质企业也将在节会赛事中脱颖而出。

就在本书编辑出版过程中，2021 年成都公园城市国际花园季暨第四届北林国际花园建造周的策划筹备工作正在紧锣密鼓地展开。在丹桂飘香的金秋时节，2021 年的花园节必将有更多更好的作品呈现于世人面前。

成都市公园城市建设管理局

2021 年 4 月 19 日

序 2
花园建造节走进公园城市

在我国，自古以来，以花卉等植物为展览内容布置供人观赏，一直是人们喜闻乐见的活动。在西方，园林展已有上百年的历史，在组织策划、规划设计、市场运作、文化艺术交流等方面积累了丰富的经验。伴随着中西方园林文化艺术的沟通交流，园林展作为一种新鲜事物传入中国。举办园林展是绿色产业，是技术和文化发展较为成熟且相互融合的重要标志。

自 1999 年昆明世界园艺博览会起，全国各地纷纷开始举办各类园林展。其中，有一类园林展在国际上得到了较好的发展，但是在国内发展并不广泛，这就是艺术性花园展。艺术性花园展是以推动园林艺术探索与发展、向公众普及园林艺术思想与应用为主要目的的一类园林展，一般以展示园林艺术思想、技术、材料的展览花园为主体，结合其他相关的艺术形式，如雕塑、工艺产品、装置艺术等，是一种能够呈现园林艺术多样化表达、挑战行业传统理论思想、提供行业发展方向可能性的综合艺术展。

在世界范围内，艺术性花园展在短短几十年的时间内发展迅猛，越来越普及，主办机构包括地方政府和民间机构，选址也多会选在一些公园、展览中心等，多在固定的展期面向公众开放。1992 年在法国的肖蒙城堡举行了世界首个艺术性花园展——法国肖蒙城堡国际花园艺术节（International Garden Festival in Chaumont sur Loire），之后每年举办一届，由组委会提出特定的展览主题，在世界范围征集花园设计方案，同时也会邀请几位世界知名设计师，得到了社会关注和设计师的广泛参与。自此，其他国家也相继开始了对艺术性花园展的探索。加拿大国际花园节（International Garden Festival at Jardins de Metis）于2000年在加拿大梅蒂斯市的里弗德花园首次举办，此后每年举办一届。新加坡花园节（Singapore Garden Festival）是目前世界上唯一在热带地区举办的国际花园展，于 2006 年 12 月由新加坡国家公园局在新达城国际会议展览中心首次举办，此后每两年举办一届。除了这些花园节外，世界各地也有不同的花园节，如英国韦斯顿伯特花园展、葡萄牙蓬蒂迪利马国际花园节等。

花园建造节是花园节中非常特殊的一类，强调的是建造者自己动手建造的过程。在我国，建造环节在建筑与园林的教学与实践中非常普遍，但多以小型手工模型为主，大体量的建筑类建造节或建造活动已经在少数院校开展，多以纸板等作为建造材料，但是在北林国际花园建造节之前，国内尚未出现过花园类的建造节。花园建造节的特别之处在于，建造者在建造节中使用材料来营造空间，将图纸呈现为实物。在这个过程中，建造者可以充分认识材料的性能、建造方式，体验完成的设计、建造的空间环境，基本把握花园的使用功能、人体尺度、空间形态等，感知图纸与实体空间的差异、建造过程对形态的影响、设计与使用功能之间的关系等，更强调的是建造者搭建的步骤和花园逐步呈现的过程。

北林国际花园建造节，旨在通过材料建构和艺术表达相互交叠运用的建造体验，激发园林学子的创作热情，提高动手能力，弘扬工匠精神，为风景园林行业培养实践创新人才。花园建造节要求参加者以原竹和花卉作为主要材料，设计并建造一座小花园。建造内容包括一个以原竹为主要材料的景观构筑物，以及与之配套的花园空间。设计者可充分尊重原竹自然特性和施工技艺特点，通过对原竹空间延展性特征、材料不同排列方式和密度形成的强烈韵律感特征，探索其作为结构材料、围护材料和装饰材料的多种可能性，寻找最适宜的呈现方式，并通过结合花卉的运用表达出设计师对花园内涵的理解。组委会对花园的材料、形式和建造方式进行了充分的限定，包括不得使用竹子和花卉之外的材料、不得设置水面、不鼓励使用高技能的搭接方式、花园部分要求植物材料仅限花卉和地被植物，希望通过这些限定，增加设计与建造的聚焦性和探索性。参赛团队需在3天半的时间内于现场完成16m^2微型竹构花园的实体搭建，随后进行为期一个月的展览与开放活动。

北林国际花园建造节于2018年首次举办，至今已经成功举办了3届。每年的花园建造节都会制定不同的主题，体现了组委会对花园以及行业发展的理解与探讨。2018年和2019年的花园建造场地均位于北京林业大学校园内。2020年，北林国际花园建造节作品走出北京，落地成都桂溪生态公园。花园建造节举办3年以来，参赛人数不断增加，周边活动逐年丰富，报道媒体日益多元。

2020年成都公园城市国际花园节暨第三届北林国际花园建造节展期内，有近18万人现场参与本次花园建造节，线上累计传播流量达550万人次。伴随着北林国际花园建造节走出北林校园、走进公园城市，有更多的高校学生可以实际搭建作品，有更多的市民可以了解和体验花园艺术，有更多的声音传播公园和花园文化，有更多的目光关注北林和成都的努力。希望未来有更多的同仁参与到北林国际花园建造节中，有更多的朋友了解和喜爱成都这座公园城市！

王向荣　北京林业大学园林学院院长、教授，《中国园林》主编

赵晶　北京林业大学园林学院副教授，《风景园林》副主编

目　录
CONTENTS

1

花园节背景篇

Part 1:Background

花园，是会说话的艺术

Garden is a talking art

最先进的园艺技术和设计理念，
与艺术的神经相碰撞，
珍贵美艳的花木便绽放出独特美感。

With the most advanced horticultural technologies and design concepts colliding with art, precious and charming flowers bloom the unique sense of beauty.

1.1 国外花园节概况

Overview of Western Garden Festival

在世界范围内，艺术性花园展这一以展览花园为主体的展览形式被一些国家、地方政府及民间机构所采用，多以现有的公园为展览会址，在固定的展期面向公众开放，推动园林艺术知识与理念在市民中的普及。在当代艺术性花园展发展的短短几十年中，一些国家在实践中积累了丰富的经验。

心灵的花园（图片来源：http://www.dylandscape.com/）

1.1.1 法国肖蒙城堡国际花园艺术节

International Garden Festival in Chaumont sur Loire

展　　期 Exhibition Period：每年 4 月下旬至 11 月初
举办地点 Exhibition Venue：法国中央大区卢瓦尔河畔肖蒙城堡

花园节场地鸟瞰图

图片来源：https://www.sohu.com/a/215413820_167180

展览简介

Exhibition Brief

法国肖蒙城堡国际花园艺术节(International Garden Festival in Chaumont sur Loire ）于1992 年在法国肖蒙城堡首次举办，此后每年举办一届。整个展示区面积约 3hm^2，分为 30 个独立的展示空间，每个空间占地约 250m^2，且被绿篱围合，只留一个入口，给设计师提供了平等与民主选择场地的机会。组委会每年提出特定的展览主题在世界范围征集花园设计方案，同时也会特别邀请几位世界知名的设计师进行设计。每届花园节都像花园的艺术展廊，参观者通过花园来感知设计者对主题的理解及对艺术、生态、历史等方面的思考感悟。展览花园气氛或轻松愉悦或发人深省，常使用新奇的材料或装置挑战传统花园的概念，从而也加深了大众对花园的理解，推动了行业的发展。

天地之间

图片来源：http://www.dylandscape.com/

20 道门庭

图片来源：http://www.chla.com.cn/htm/2019/0606/272145.html

方圆

图片来源：https://vancouverboulevard.com/2017/07/ 畅游法国卢瓦河谷 – 的花园古堡 –（上）

通道

图片来源：https://zhuanlan.zhihu.com/p/20239341

由外及内

图片来源：http://www.chla.com.cn/htm/2013/0607/171618.html

1.1.2 新加坡花园节

Singapore Garden Festival

展　　期 Exhibition Period：每两年 7 月底至 8 月初，为期 10 天左右

举办地点 Exhibition Venue：新加坡新达城国际会议展览中心内（前四届）

新加坡滨海湾花园（第四届之后）

2018 年新加坡花园节哥特式门

图片来源：https://www.facebook.com/sggardenfest/

展览简介

Exhibition Brief

新加坡花园节（Singapore Garden Festival）于2006年12月在新加坡新达城国际会议展览中心首次举办，它是世界上第一个，也是唯一在热带地区举办的国际花园展，此后每两年举办一届，由新加坡国家公园局举办。自2006年首次举办以来，新加坡花园节的规模逐步扩大、活动日益丰富。花园节现在包括兰花展和园艺展两个部分，不仅有很多园艺设计师参赛，还吸引了不少民间园艺团体和公众。2018年第七届花园节在新加坡滨海湾花园举办，总占地面积达2.2hm^2，共邀请33名世界著名园艺设计师，不同于以往在展厅内举行面对的场地局限，此次花园节首次包含室内与室外展，让公众有机会欣赏到更具规模、更壮观的热带园艺与花艺展示。

图片来源：王向荣，林箐，刘通，华锐，钟春炜，肖起发，赵晶．心灵的花园[J]．城市环境设计，2019(01):228-237.

图片来源：https://www.facebook.com/sggardenfest/

图片来源：https://www.nparks.gov.sg/singaporegardenfestival/singapore-garden-festival/festival-highlights/landscape-and-fantasy-gardens

图片来源：https://www.nparks.gov.sg/singaporegardenfestival/singapore-garden-festival/festival-highlights/landscape-and-fantasy-gardens

图片来源：https://www.facebook.com/sggardenfest/

1.1.3 加拿大国际花园节
International Garden Festival at Jardins de Metis

展　　期 Exhibition Period：每年 6 月下旬至 10 月上旬
举办地点 Exhibition Venue：加拿大魁北克梅蒂斯市的里弗德花园

花园节场地鸟瞰图
图片来源：https://www.sohu.com/a/338039770_806910

展览简介

Exhibition Brief

加拿大国际花园节（International Garden Festival at Jardins de Metis）于 2000 年在加拿大梅蒂斯市的里弗德花园首次举办，此后每年举办一届，它是北美地区最重要的当代花园展览活动。花园节的定位是重释与挖掘花园的新意义，旨在为设计师提供实验和创新的场地。它是一场关于花园创新性和实验性的特殊展览，其空间设计结合了视觉艺术、建筑、景观、设计和自然等元素，每年都会给参观者们带来惊喜。花园节每年会确定一个主题，面向全球征集花园设计方案，并聘请国际知名设计师组成评审团，对征集的方案进行评选，优胜的方案将进行施工建造并最终在花园展中展出。展园由若干个 $200m^2$ 的矩形空间组成，其间由高大的桦树分隔，形成相对独立的花园空间。

图片来源：https://mooool.com/international-garden-festival-2019-by-reford-gardens.html

图片来源：https://archicree.com

图片来源：https://mooool.com/international-garden-festival-2019-part-four-by-reford-gardens.html

图片来源：https://archicree.com

图片来源：https://mooool.com/international-garden-festival-2019-part-four-by-reford-gardens.html

1.1.4 英国切尔西花展

Chelsea Flower Show

展　　期 Exhibition Period：每年5月，为期5天（2021年首次增加到6天）
举办地点 Exhibition Venue：英国伦敦切尔西地区

2019年室内展区图

图片来源：https://www.facebook.com/rhshome/photos/pcb.1044529049075073/10156241262541220/

展览简介

Exhibition Brief

英国切尔西花展（Chelsea Flower Show）于 1862 年在肯辛顿首次举办，自 1913 年起移至伦敦的切尔西地区举办，花展由英国皇家园艺协会主办，一年一度的“切尔西花展”是英国的传统花卉园艺展会，也是全世界著名、盛大的园艺博览会之一。每年，来自世界各地的近 700 名园艺师都会在这里亮出自己最有想象力、创造力的作品。花展分为室内、实外两个展区，室内展览在一个巨型帐篷内进行，展出包括育种家提供的新优花卉、优秀的花艺作品以及各式各样的园艺产品等最新园艺珍品；室外展区主要是花园展览。切尔西花展的作品反映了当今世界花园设计的前沿水平和流行趋势，对今后的花园设计起着重要的引导和推动作用。

“中国成都丝绸之路”花园

“Facebook”花园

“韦奇伍德”花园

“M&G”花园

“迪拜议会”花园

本页图片来源：https://mooool.com/2019-chelsea-flower-show-by-royal-horticultural-society.html

1.2 国内花园节发展概述

Development of Domestic Garden Festival

花园节、园林展逐渐在世界各地广泛普及，其在促进城市发展更新、推动行业进步、推进城市开放空间建设方面的作用逐渐深入人心。举办花园建造节（展）是一个城市乃至国家绿色产业、技术和文化发展较为成熟且相互融合的重要标志。

艺术性花园展作为广义的园林展中重要的一类，其主要举办目的是促进园林艺术的发展，并为行业的先锋探索提供实验基地和传播平台。

艺术性花园展一般以展示园林艺术思想、技术、材料的展览花园为主体，或结合其他相关的艺术形式，如雕塑、工艺产品、装置艺术、大地艺术等，是一种能够呈现园林艺术多样化表达、挑战行业传统理论思想、提供行业发展方向可能性的综合艺术形式。

我国虽在近些年不断举办各级各类综合性园林展，以推动城市更新或区域的发展，但园林展的内容多以集锦式的人文微缩景观为主，由各地政府投资主导建设的城市展园形成了固有的模式而少有差异性与突破性，并且这种大型园林展的发展模式与小型花园节依然有很大区别。目前，北林国际花园建造节是我国最具开创性和影响力的花园节之一。

“云在亭”花园

1.2.1 北林国际花园建造节

BFU International Garden-making Festival

展　　期 Exhibition Period：每年 10 月

举办地点 Exhibition Venue：第一届（2018 年）于北京林业大学校园内

第二届（2019 年）于北京林业大学校园内

第三届（2020 年）于成都市桂溪生态公园内

展览简介
Exhibition Brief

北林国际花园建造节，以竹材和花材作为核心材料，旨在通过材料建构和艺术表达相互交叠运用的建造体验，激发园林学子的创作热情，提高动手能力，弘扬工匠精神，为风景园林行业培养实践创新人才。

北林国际花园建造节每年从 1 月开始征集竞赛方案，到 11 月开放活动结束，总历时 11 个月左右。

每年 9 月确定方案后，竞赛团队在 4 天的时间内于现场完成 4mx4m 微型竹构花园的实体搭建，随后进行展览与开放活动。

“游无穷”花园

“子非鱼”花园

“无序之列”花园

“樊笼”花园

2

公园城市篇

Part 2:Park City

花园让公园城市更加美好

Garden makes the Park City a better place

丹桂香满蓉城，学子相聚桂溪。

When Chengdu is immersed in the fragrance of osmanthus, students are gathering in Guixi Park.

2.1 成都公园城市

Chengdu Park City

2.1.1 公园城市首提地

The Place for the First Mention of Park City

公园城市的核心原则是坚持人与自然和谐共生、坚持绿水青山就是金山银山、坚持良好生态环境是最普惠的民生福祉、坚持山水林田湖草是生命共同体、坚持用最严格最严密法治保护生态环境、坚持共谋全球生态文明建设；支撑体系是生态文化体系、生态经济体系、目标责任体系、生态文明制度体系、生态安全体系。

公园城市作为全面体现新发展理念的城市发展高级形态，坚持以人民为中心、以生态文明为引领，是将公园形态与城市空间有机融合，生产生活生态空间相宜、自然经济社会人文相融的复合系统，是“人城境业”高度和谐统一的现代化城市形态，是新时代可持续发展城市建设的新模式。

2.1.2 公园城市六大价值

Six Values of Park City

绿水青山的生态价值：深入践行“绿水青山就是金山银山”理念，将“城市中的公园”升级为“公园中的城市”。

诗意栖居的美学价值：以形筑城、以绿营城、以水润城，将城市全部景观组成一幅疏密有致、气韵生动的诗意城市新画卷。

以文化人的人文价值：通过构建多元文化场景和特色文化载体，以美育人、以文化人。

绿色低碳的经济价值：由“产—城—人”向“人—城—产”转变，由“人—物—场”三要素构成未来消费场景。

简约健康的生活价值：优化绿色公共服务供给，结合城市绿色空间设置高品质生活服务场所。

美好生活的社会价值：融合社会功能和自然系统以提供多样优质绿色生活空间，满足“安全健康、幸福安宁”的生活向往。

2.2 成都市概况

Brief of Chengdu

2.2.1 得天独厚的自然条件

Unique Natural Conditions

成都，简称“蓉”，是四川省省会和国家中心城市，是全国重要的经济中心、科技中心、金融中心、文创中心、对外交往中心和国际综合交通通信枢纽。

成都地处中国地势的第一阶梯青藏高原向第二阶梯四川盆地的过渡地带，位于四川盆地西部边缘，市域最高海拔 5364 米，最低海拔 359 米，海拔落差约 5005 米。市域地貌以平原沃野为主，平原面积占 40.1%，山地面积占 32.2%，丘陵面积占 27.6%。成都属于亚热带季风性湿润气候，四季分明，年平均气温 16℃，冬季气温平均在 5℃以上，年降水量 1000 毫米左右。成都平原优越的气候条件适合多种植物生长，孕育了历史悠久的农耕文明。

西岭雪山

2.2.2 源远流长的历史文化

A Long-standing History and Culture

道法自然的都江堰水网彰显了古代中国人的生态智慧，浸润了成都平原的每一个生产生活“细胞”，涵养积淀出“思想开明、生活乐观、悠长厚重、独具魅力”的天府文化特质，丰富而多彩的古蜀文化、道教文化、农耕文化、生态文化、园林文化、三国文化、诗歌文化、休闲文化、美食文化等，为公园城市建设提供了丰厚的特色文化资源。

成都拥有 4500 多年城市文明史和 2300 多年建城史，青城山、都江堰、大熊猫栖息地等世界自然文化遗产和武侯祠、杜甫草堂、金沙遗址等人文胜迹享誉中外，川剧、蜀绣等众多非物质文化遗产传承千年，是中国最佳旅游城市之一。

都江堰

2.2.3 发展良好的花卉产业

Well-developed Flower Industry

成都以花为别名，芙蓉犹芳，百花争艳。成都园艺花木产业位居中国前列，2019 年全市花木产业在地资产达 800 亿元，花木销售达 300 亿元。成都是中国重要的花卉苗木基地之一，曾举办 2005 年第六届中国花卉博览会，郫都区享有“中国盆景之乡”美誉。成都具有较好的花卉科研实力，有中国科学院、四川省农业科学院、四川省植物工程研究院、成都市农林科学院等 10 余家园艺相关科研院所，11 所高校开设园艺相关专业，创新研发植物材料 30 余种，培育特色花卉 50 余种。

繁花似锦（耿晓渝 摄）

花卉基地（何建铭 摄）

鲜花雕塑（陈长明 摄）

2.2.4 别具一格的诗词文化

Unique Poetry Culture

江畔独步寻花·其六（杜甫）

黄四娘家花满蹊，千朵万朵压枝低。

留连戏蝶时时舞，自在娇莺恰恰啼。

锦城竹枝词（杨燮）

垂丝贴梗一城芳，春海棠又秋海棠。

如海秋花逢桂月，不馨香处也馨香。

春夜喜雨（杜甫）

好雨知时节，当春乃发生。

随风潜入夜，润物细无声。

野径云俱黑，江船火独明。

晓看红湿处，花重锦官城。

[illegible]湖公园贴梗海棠（罗鸿声 摄）

芙蓉花

成都百花潭公园（袁林 摄）

2.2.5 丰富多样的生物种类

Rich and Diverse Biological Species

中国西南是世界 36 个生物多样性热点地区之一。四川分布高等植物近 1.4 万余种，在中国省份中排名第二；分布的中国特有植物在中国省份中排名第一。四川的珙桐、杜鹃、岷江百合和蜀葵等千余种植物引种至国外，装扮着世界的花园，是世界著名园艺植物学家威尔逊笔下的“中国西部花园”。成都是中国唯一拥有平原到高山六大垂直植被带的省会城市。全市现记录的高等植物有 4459 种，分布有红豆杉、光叶珙桐、独叶草等国家一级重点保护野生植物。全市现记录的陆生野生脊椎动物有 700 种，其中兽类 129 种，鸟类 496 种，包括大熊猫、金丝猴、羚羊等 15 种国家一级保护野生动物，以及小熊猫、猕猴、大天鹅、红腹角雉等 58 种国家级二级保护野生动物。成都还是距离野生大熊猫栖息地最近的省会城市（70 千米），拥有世界上最大的人工饲养大熊猫种群。（数据来源：成都市公园城市建设管理局）

珙桐

红豆杉

大熊猫

川金丝猴

2.2.6 文秀清幽的成都园林

Elegant and Tranquil Gardens in Chengdu

成都自古有擅园林、兴绿化的传统。优厚的自然生态条件与丰厚的历史文化交相辉映，孕育了水绿交融、文园同韵的成都园林，留存有唐代的东湖、宋代的罨画池、明代的桂湖、清代的望江楼等诸多著名园林。

这些传统园林呈现出“自然飘逸、文秀清幽”的总体园林风格，形成了“园因城而兴、城因园而名”“文园同韵、城园相融”的园林文化传承。

望江楼公园（朱建国 摄）

新繁东湖公园（张重民 摄）

崇州罨画池

望江楼（徐仁成 摄）

兴隆湖绿道（朱建国 摄）

2.3 公园城市与花园节的关系

Relationship between Park City and Garden Festival

成都自古以来就与花卉、园艺有不解之缘。经过多年快速发展，成都已成为我国西部最大的花卉苗木集散地，种植品种、种植面积、从业人员等均处于国内前列。自 2018 年以来，成都肩负着建设践行新发展理念的公园城市示范区的历史使命，进一步明确了公园城市的内涵就是全面体现新发展理念，成都公园城市建设进入了一个新的阶段，也为成都进一步开展多方的科研、实践等探索提供了契机。

2019 年 12 月，成都市人民政府与北京林业大学签署战略合作协议。根据战略合作框架约定，双方将充分发挥成都市“公园城市”首提地和北京林业大学林学、风景园林学两个国家“双一流”学科的优势，共同搭建多层次、多方位合作平台，建立新型校地战略合作关系，推动成都市美丽宜居公园城市建设和北京林业大学“双一流”建设相互支撑。

2020 年成都公园城市国际花园节暨第三届北林国际花园建造节以“公园城市 花重锦城——成都生活美学 天府花园魅力”为主题，凭借城市绿道公园载体，通过营造主题花园户外新经济场景，提升公园城市生活品质，搭建更多优质生活方式场景，彰显公园城市魅力，为打造具有全国影响力的高品质生活宜居地注入新的活力。

本次花园节的成功举办进一步促进了新型校地战略合作关系，助力成都建设践行新发展理念的公园城市示范区，极大增强了成都公园城市的影响力，成为共同推动公园城市建设的重要标志性成果。

花园节展览期间市民活动（杜宁 摄）

3

活动组织篇

Part 3:Organization of Activities

充满未知的花园旅程

The garden journey full of unknowns

怀匠心，纸上方案构造细打磨；
齐筑梦，园中花香竹影寻秘境。

With the heart of the craftsman, the drawings of plan and construction are deliberately considered. With the mind of realizing the dream together, the secret garden is built, decorated with bamboo shadow and blossom fragrance.

3.1 目标意义

Objectives

2020 年成都公园城市国际花园节暨第三届北林国际花园建造节历经近 10 个月的评选和筹备，以及近 4 天的现场建造，共计组织来自 21 所高校的 25 个参赛团队于成都桂溪生态公园搭建花园。建造方案来自第三届北林国际花园建造节竞赛阶段的 17 个团队及 8 个川渝本地高校邀请团队。

本次活动秉承“以人为本、生态优先、共建共享”的理念。通过营造“花园奇想”公园城市风景线场景、“天府美学”城市时尚文创生活和“悦动成渝”休闲运动文化体验，实力演绎公园城市的多彩生活，积极推动场景消费，提升了公园城市生活品质，搭建了更多优质生活方式场景。

花园节作品鸟瞰图

花园建造活动鼓励参赛者以“秘境花园”为设计主题，在有限的地块内，以竹材和花卉为主要材料，充分尊重竹材的自然特性和施工技艺特点，通过空间延展性特征、材料不同排列方式和密度形成的强烈韵律感特征，探索其作为结构材料、围合材料和装饰材料的多种可能性，结合花卉的运用，设计并建造一座具有神秘感的美丽小花园。

本次活动宗旨是：弘扬工匠精神，为风景园林行业培养实践创新人才；彰显公园城市魅力，为打造具有全国影响力的高品质生活宜居地注入新的活力。

3.2 活动组织

Organization of Activities

3.2.1 活动地点

Activity Venue

成都桂溪生态公园占地面积 1400 余亩，为成都市天府绿道中锦城绿道的重要点位。花园建造基地位于成都桂溪生态公园东园的草坪内部，每块建造基地面积为 16m^2。

桂溪生态公园东园鸟瞰图

3.2.2 组织单位
Activity Organizers

指导单位
Guidance Organizers

中国风景园林学会
国际竹藤组织

主办单位
Host Organizers

中国风景园林学会教育工作委员会
成都市公园城市建设管理局
北京林业大学园林学院
成都市博览局

承办单位
Executive Organizers

成都市风景园林学会
北京《风景园林》杂志社有限公司
成都天府绿道文化旅游发展股份有限公司
成都天府绿道建设投资集团有限公司
成都市公园城市建设发展研究院
成都市国际商务会展服务中心
成都市花木技术服务中心

支持单位
Support Organizers

中国建筑学会园林景观分会
成都市商务局
成都市体育局
成都市新闻出版局

协办单位
Co-organizers

成都市公园城市园林绿化事业发展中心
成都市绿化工程队
成都市绿化工程三队
成都市林草种苗站
成都市草堂花圃
成都大熊猫繁育研究基地
成都动物园
成都市人民公园
成都市植物园
成都市望江楼公园
成都市百花潭公园
成都市文化公园
成都市园林建设技术服务中心
成都市湿地保护中心

“帘幕卷”花园

3.2.3 活动流程

Activity Process

参赛报名	参赛方案提交	入围名单公布	竞赛方案线上评选	邀请组设计方案提交	施工图提交
2020年4月5日前	2020年5月5日前	2020年5月23日	2020年6月6日	2020年8月15日前	2020年9月1日前

主题花坛

花园搭建	国际花园建造节评奖	国际花园建造节颁奖典礼及开幕式	国际花园建造节市民游客观赏
2020年10月20日9:30—10月23日11:30	2020年10月23日13:00—14:30	2020年10月23日14:30—16:00	2020年10月23日下午—11月24日
成都桂溪生态公园东园草坪	成都桂溪生态公园东园草坪	成都桂溪生态公园东园草坪	成都桂溪生态公园东园草坪

4

方案征集篇

Part 4:Call for Entries

秘境花园

Garden of mystery

秘境是浪漫的遐思，亦是阑珊的梦境；
是远离尘世喧嚣的宁静纯粹，
亦是山重水复的萦回辗转。

Mystery is the romantic fantasy, the illusory dream, or the peacefulness away from the worlds' hustle and bustle, the twists and turns among the beauty of mountains and rivers.

4.1 方案征集要求

Requirements for Entries

竞赛主题

Competition Theme

2020 年成都公园城市国际花园节暨第三届北林国际花园建造节方案征集阶段的竞赛主题为“秘境花园”。秘境是浪漫的遐思，亦是阑珊的梦境；是远离尘世喧嚣的宁静纯粹，亦是山重水复的萦回辗转。秘境花园应有如东方花园般充满神秘感的空间，引导参观者徜徉于或富于变化、或引人遐思、或充满想象的花园之中，充分阐释景与境、秩序与变化、易读性和偶然性、均衡感与神秘感之间关系的调和。

鼓励设计者在有限的地块内，以竹材和花卉为主要材料，设计并建造一座具有神秘感的美丽小花园。设计者需充分尊重竹材的自然特性和施工技艺特点，以竹篾或竹片为主，原竹为辅，通过空间延展性特征、材料不同排列方式和密度形成的强烈韵律感特征，探索其作为结构材料、围合材料和装饰材料的多种可能性，寻找最适宜的呈现方式，并结合花卉的运用表达出设计师对“秘境花园”这一主题的理解。

竞赛要求

Competition Requirements

以竹材和花卉作为主要材料，设计并建造一座小花园。

每块建造基地面积 16m^2。组委会将先期对建造基地做出统一界定，植物材料均为盆栽，不提供露地栽培植物。

建造内容包括一个以竹材为主要材料的景观构筑物，以及与之配套的花园空间。其中，竹构（需以原竹、竹片相结合）占地不超过地块范围，余地留作花园，竹构与花园必须有机融合，交相辉映，构建具有神秘感的花园空间。

1）竹构要求：本次竞赛竹构小品要求以竹篾或竹片编织技法为主，原竹则限于必要的结构支撑。搭建方式应简便易行，但须做到安全牢固。可选竹材包括毛竹、红竹、黄竹，不允许使用竹材以外的其他材料。竹构占地面积不超过地块边界，限高 3m，应可进入，功能不限，形式随宜。

2）花材要求：建造材料仅限花卉和地被植物，须在组委会提供的材料表中选择，不宜使用其他材料和设置水面。

4.2 方案征集结果

Result of the Call for Entries

自 2020 年 1 月发布方案征集以来，共有 101 个国内外高校和单位的近 2000 名园林学子和设计师报名参与。5 月 5 日，方案征集截止，组委会收到来自 77 个高校和机构的 241 份作品，共计 1471 人参与。

5 月 23 日，组委会公布方案征集结果，17 个竞赛方案从 241 份投稿作品中脱颖而出，最终入围。参加本次花园节作品建造的 12 所竞赛高校和 9 所邀请高校名单如下。

竞赛高校

Universities joining the Competition

北京林业大学
Beijing Forestry University

清华大学
Tsinghua University

重庆大学
Chongqing University

天津大学
Tianjin University

华南农业大学
South China Agricultural University

西北农林科技大学
Northwest A&F University

华南理工大学
South China University of Technology

北京建筑大学
Beijing University of Civil Engineering and Architecture

山东建筑大学
Shandong Jianzhu University

上海交通大学
Shanghai Jiao Tong University

西安建筑科技大学
Xi'an University of Architecture and Technology

华中科技大学
Huazhong University of Science and Technology

邀请高校
Invited Universities

四川大学
Sichuan University

四川农业大学
Sichuan Agricultural University

西南交通大学
Southwest Jiaotong University

西南大学
Southwest University

重庆交通大学
Chongqing Jiaotong University

西华大学
Xihua University

西南民族大学
Southwest Minzu University

成都理工大学
Chengdu University of Technology

南京师范大学中北学院
Nanjing Normal University Zhongbei College

4.3 方案线上评审

Online Review

受新冠肺炎疫情影响，2020 年 6 月 6 日 13:30—17:30，第三届北林国际花园建造节设计竞赛终评会以线上方式顺利举行。在特殊时期，竞赛组委会优化竞赛评选流程，采用全程网络互动直播的方式，展现终评会评审实况，为观众带来精彩的视听体验。

本次终评会由中国风景园林学会、北京林业大学联合主办，《风景园林》杂志社组织搭建线上直播平台。

会上，来自 17 个团队的参赛代表分别用多媒体展现的方式对各自的竹构作品进行解读，专家分别提出问题，参赛代表进行答辩。参赛者们利用动态画面与音效结合为评委和观众带来身临其境的感受，精彩的展示为评委和观众留下了深刻印象。

终评会海报

终评评委会嘉宾

17 位参赛代表

评审嘉宾发言

Comments from Jury

方案线上评审会议由李雄教授主持。会议开始，由贾建中秘书长致辞，他表示，中国风景园林学会致力于促进风景园林学科的发展，北林国际花园建造节是学会近两年来大力推进和支持的专业活动，为高校提供了学术交流平台，激发了专业学子们的动手能力和创作热情，是一次理论与实践的结合。在评委点评环节，5 位评委分别发言，对本次参赛者们高水平的展示表示肯定，并带来了精彩的点评。

贾建中： 中国风景园林学会秘书长、教授级高级工程师

李雄： 北京林业大学副校长、教授

点评：通过竞赛，不同专业、背景的多位老师和同学共同合作，提高了学习、交流的能力。本次竞赛作品具有创造性和创新性，体现了风景园林“后浪”的力量。

朱育帆： 清华大学建筑学院景观学系副主任、教授

点评：可以看出参赛作品对竞赛主题的理解以及整体艺术性的呈现。整体来说，本次竞赛达到了很好的水平，指导教师和参赛同学都有较丰富的经验。

宋晔皓： 清华大学建筑学院建筑与技术研究所所长、教授

点评：本届竞赛对竹子本身的理解更加多样化，同学们考虑了尺度问题和行为互动，同时对 4 m×4 m 场地的解读也具有多元化特点。

青山周平： B.L.U.E. 建筑设计事务所创始合伙人、主持建筑师

点评：本次竞赛是很有意思的，从中看到了竹子这种材料可以有不一样的可能性。作品中既有传统的理念，又有现代元素的应用。

蔡卫： 中国林学会竹子分会常务理事，竹境竹业科技公司董事长

点评：本届竞赛具有全新的冲击力。我对多个作品有较深的印象，它们在主题表现、空间变换、方案成熟性以及形态独特性方面都有不错的呈现。

5

建造过程篇

Part 5:Construction Process

穿越感官和视觉的艺术

Art through senses and vision

纸上得来终觉浅，

绝知此事要躬行。

If you wish to understand a matter profoundly, you must gain it by personal practice; because you will only be able to learn the surface of the matter by only reading books.

5.1 场地准备

Site Preparation

2020 年 10 月 19 日，在实地搭建前，各团队成员进行了简单的放线、定位以及场地平整，为搭建主体结构做准备。

放线、定位及场地平整

场地平整

搭建场地一角

等待场地干燥

5.2 材料准备

Material Preparation

2020 年 10 月 19 日，各团队成员领取了竹材、五金构件等材料，并根据不同的使用需求对材料进行了分类，以便开展后续的施工进程。

材料核对、分类

材料处理

材料分类

材料堆放

5.3 开营式

Opening Ceremony of Construction

2020 年 10 月 20 日，2020 年成都公园城市国际花园节暨第三届北林国际花园建造节在成都桂溪生态公园东园开营，此次活动的主题为“公园城市 花重锦城——成都生活美学 天府花园魅力”。

成都市公园城市建设管理局谢玉常副局长表示，成都正在高质量建设践行新发展理念的公园城市示范区，成都市政府与北京林业大学有着深厚的传统友谊和扎实的合作基础，北京林业大学为成都公园城市建设注入了新的智慧和力量。本届花园建造节以城市绿道公园为载体，相信通过各位老师和同学们的立体创意、材料搭建和辛勤付出，会营造出主题花园户外新场景。本届活动不仅是风景园林行业人才的一次盛会，也为成都彰显公园城市魅力、打造具有全国影响力的生活宜居地注入了新的活力。最后，谢玉常副局长宣布 2020 年成都公园城市国际花园节暨第三届北林国际花园建造节开营。

开营仪式现场

开营仪式主持人、北京林业大学园林学院副教授、《风景园林》杂志副主编赵晶介绍道，在此前已结束的方案设计竞赛环节，来自 101 个国内外高校和单位的近 2000 名园林学子和设计师报名参加了设计竞赛，17 个竞赛方案从 241 份投稿作品中脱颖而出，加上受邀的 8 个川渝高校团队作品，共计 25 个创意新颖、构思巧妙的小花园将从今天开始正式搭建。

开营仪式结束后，北京林业大学园林学院段威副教授和竹境竹业科技公司王杰老师对各参赛队伍组长进行建造技术和建造工具使用的培训。

谢玉常致辞

赵晶做主持

参赛团队亮相

段威和王杰做培训

5.4 搭建过程

Construction Process

第一天（2020 年 10 月 20 日）

First day (20th October，2020)

开营仪式结束后，2020 年成都公园城市国际花园节暨第三届北林国际花园建造节的搭建正式开始，每个团队纷纷展开了紧张而愉快的搭建。第一天各团队主要进行骨架结构的搭建。

搭建过程中，主办方联合工作组进行了现场指导和交流。

搭建现场鸟瞰图

搭建现场

“帘幕卷”作品搭建现场

主办方联合工作组现场办公会

主办方联合工作组现场办公会

主办方联合工作组现场办公会

第二天（2020 年 10 月 21 日）

Second day (21st October，2020)

第二天，主体结构基本已搭建完毕。在搭建过程中，各个团队团结协作，及时通过研究、咨询来解决搭建过程中出现的不同问题，让整个搭建过程更加简洁且高效。

搭建现场鸟瞰图（张诗阳 摄）

每个作品始终注重体现竹性与竹构的特征，如何在符合力学与美学原理的基础上将富有韵律的竹构件巧妙结合，几乎是对每个团队的一大挑战，其中包括整体比例的把握、结构的稳定性以及交接点的连接方式等。面对挑战，成员们的智慧完全展现出来，在按照图纸设计全面实施的过程中，实现了主体结构的完美搭建。

主办方与建造团队交流

“织影”作品搭建现场

“悬镜”作品搭建现场

第三天（2020 年 10 月 22 日）
Third day (22nd October，2020)

第三天，各个团队的工作大多较为细致，主要为竹篾编织、植物配置等。由于图纸与现场施工有很多不同之处，因此竹篾的编织与植物的摆放都需要现场进行调整。

经过各团队成员的探索，搭建过程整体顺利。

搭建现场鸟瞰图（张诗阳 摄）

团队成员们进一步利用竹构建造材料，对竹构与花园肌理和韵律进行充分诠释，实现立体与平面的自然融合。植物景观通过花境与草境的相互映衬，在时间的流动中展现了光影的变幻。

“觅羽”作品搭建现场

“森之秘语”作品搭建现场

“别有洞天”作品搭建现场

第四天（2020 年 10 月 23 日）
Fourth day (23rd October，2020)

第四天，只有上午半天的搭建时间，各个团队进行了查缺补漏，尤其是对植物的摆放进行了调整，让作品变得更完美。最终，来自 21 所高校的 25 个竹构花园作品落地生根、完美绽放。

花园节作品搭建完毕鸟瞰图

参赛团队在尊重原竹自然特性和施工技艺特点的基础上建造了花园，结合花卉的运用，表达出了设计师对花园诗意内涵的理解。搭建完成后，他们欣喜地与自己的作品合影留念。

交流参观

“觅羽”团队合影

“轮回之境”团队合影

5.5 作品评审

Final Review

2020 年 10 月 23 日下午，评审专家对 25 个作品进行了评审并举行了颁奖典礼。颁奖典礼结束后，2020 年成都公园城市国际花园节暨第三届北林国际花园建造节正式开幕。

评审嘉宾合影

评审现场

评审现场

评审现场

评审现场

评审现场

评审现场

评审现场

评审现场

评审专家
Jury

王向荣 WANG Xiangrong
北京林业大学园林学院院长、教授、博士生导师，风景园林学科负责人，
科技部全国风景园林规划与设计学首席科学传播专家，
《中国园林》主编

王香春 WANG Xiangchun
中国城市建设研究院城乡生态文明研究院院长，
中国公园协会秘书长，教授级高级工程师

刘可为 LIU Kewei
国际竹藤组织全球竹建筑项目协调员，全球竹建筑工作组经理，
国际标准化组织木结构技术委员会竹结构工作组召集人

刘滨谊 LIU Binyi
同济大学建筑与城市规划学院教授、博士生导师，
风景园林学科专业委员会主任，风景科学研究所所长

李树华 Li Shuhua
清华大学建筑学院景观学系教授，亚洲园艺疗法联盟、
绿色疗法与康养景观研究中心主席

陈明坤 CHEN Mingkun
成都市公园城市建设发展研究院院长，
教授级高级工程师，注册城市规划师

张彤 ZHANG Tong
成都市花木技术服务中心主任，高级工程师

蔡卫 CAI Wei
中国林学会竹子分会常务理事，安吉县竹产业协会副会长，
安吉竹建筑协会会长，竹境竹业科技公司董事长

5.6 开幕式

Opening Ceremony of Exhibition

开幕式现场，与会嘉宾、参赛团队及社会各界媒体近 500 人齐聚桂溪生态公园东园大草坪，共同见证 25 个竹构花园盛放。

25 个竹构花园作品来自第三届北林国际花园建造节设计竞赛的 17 组获奖作品和 8 个川渝本地高校邀请团队方案。

参与开幕式颁奖典礼的嘉宾有：原住房和城乡建设部总工程师、中国风景园林学会理事长陈重，成都市政府副秘书长涂智，成都市博览局局长陈赋，成都市公园城市建设管理局副局长谢玉常，成都市博览局副局长钟谦，大熊猫国家公园成都管理分局专职副局长兼成都市公园城市建设管理局办公室主任王永林，中国风景园林学会副秘书长杜雪凌，中国风景园林学会宣传部副部长蔡玉，成都天府绿道文化旅游发展股份有限公司董事、总经理俞杨。

开幕式现场

嘉宾致辞
Guests' Speeches

陈重
中国风景园林学会理事长

中国风景园林学会理事长陈重在致辞中提到，秉承着为风景园林行业培养实践创新人才、搭建优质交流平台的宗旨，中国风景园林学会教育工作委员会已经连续三届合作主办北林国际花园建造节。本次花园建造节活动首次落地蓉城，得益于成都市政府及当地各单位的大力支持和精心筹备，十分感谢成都给予花园建造节活动助力成都公园城市建设的机会。本次活动将不仅是风景园林行业的盛会，也将是中国传统诗意栖居精神走进大众、匠心融入生活的完美展现。

刘可为
国际竹藤组织全球竹建筑项目协调员

国际竹藤组织全球竹建筑项目协调员刘可为女士在开幕致辞中表示，本次活动在成都市的大力支持下，作品质量非常高，活动规模和影响力也十分可观，这将成为一次极好的“竹建筑”的公众科普教育活动。竹材的推广和应用与我国大力践行生态文明建设密切相关，国际竹藤组织一直致力于在全球推动可持续的基于竹藤的自然解决方案。希望通过本届花园建造节活动唤醒中国人的竹子情结，让竹子作为中国文化的一种符号在全国更多地区凸显绽放。

王向荣
北京林业大学园林学院院长

评委会主席王向荣院长对本次活动进行总体点评。他首先感谢中国风景园林学会和国际竹藤组织长期以来的大力支持，感谢竹境竹业科技公司、成都花木公司及相关单位提供优质竹材和花材。本次活动的 25 个作品凝聚了各位老师和同学们的心血，展现出了高质量和非常出色的设计和建造水平。

颁奖仪式

6

作品介绍篇

Part 6:Introduction of Works

是竹构，更是一座花园

It is bamboo structure, and a garden as well

简约的竹构、编织与组合，
明晰的植物配置，纯粹的形体与空间，
塑造朴素深远的景观意境，投射出平淡亲和的自然关照，
含蓄内秀的品格与寓于意、简于形的精神深度。

Simple bamboo structure, woven and assembled with each other,
with clear and distinct plant arrangement, pure form and space,
simple but profound landscape artistic conception is expressed,
projecting the plain natural care, implicit character and the in-depth
spiritual meaning in simple form.

庄生梦 · 迷蝶

In Dream with the Butterfly

寄言庄叟蝶，与尔得天真

获奖情况：竞赛组一等奖
设计方：北京林业大学
项目设计 & 完成年份：2020
指导教师：郑小东 张诗阳
参赛学生：廖丹妍 杨艺文 郑睿楠 谭铃千 赵祎祺 吴媛玉
协作单位：成都大熊猫繁育研究基地
协作人员：吴永胜 王革生 任晨媛

蒋光丛 摄

阳光正好，静候梦来

十月的成都，微雨倏然，氤氲缱绻。第一次来到这里，桂溪公园与我设想中的竹境有相似的意境，清爽的风带来阳光照耀过的气息，啾啾鸟叫虫鸣，不显得聒噪，反而愈发显得静谧而深沉。

细细的竹篾和绑扎带在手中变成一个个小圆圈，错落相织组成了片状的羽翼；竹片绑扎弯曲给了羽翼最初的支撑，以竹作骨，以环为皮，如同血脉交织般从基座依附而上，恣意生长。粉黛乱子草的花絮掩映出斑驳迷离婆娑的光影，芒草葱茏。

一时间我竟然真的像进入一个梦的世界，千百年前的庄子梦蝶时，他看到了什么？我眼前朦胧的景象可曾与他的梦中景有几分相似？我不得而知，却止不住遐想。寻得一隅，暂时了却心中烦恼，亦梦亦真，若蝶若己。

在公园里搭建的后几天，天空突然放晴，阳光倾洒在我们的花园里，芒草被微风吹拂，偶然露出竹构的一些底部结构，大大小小的圆环相切相接，和它在地上的影子层层叠叠，如梦如幻，轻巧无比，飘飘乎，好似连着身处花园中的我也要随花园一起羽化而登仙。

花园即将完工的一个夕阳正好的傍晚，突然有一个小女孩询问我们她可不可以进来玩，眼睛里充满了期待。得到我们的鼓励之后，她雀跃着在我们的竹境里穿梭，触碰竹构、轻嗅花簇、弯腰探索、转身跳跃，一颦一笑皆是满足。蓦然之间，我们的心里变得柔软无比！这就是我们想要带给体验者的感觉呀！一座充满趣味的轻盈的像梦境一样的花园！

搭建的最后一天，我们的花园迎来了它的第一批参观者，他们中有白发垂鬓的老人、有稚气满盈的孩童、有夹着书卷的少女和挂着相机的摄影师。有人停下来读读作品介绍，有人倚靠着与花园合影。小孩子在园中奔跑穿行，笑声如银铃般悠扬清脆。摄影师按下快门，咔嚓咔嚓记录这些美妙瞬间。

这一切都让我们受宠若惊，激动得难以言表。半年前，我还因为疫情影响困在家中只能和队友们线上协调工作，我庆幸遇到了这样一群纯粹而优秀的队友，数不清的日日夜夜，总有大家身处各地却一起工作的身影，从纸上的线条到电脑上的彩绘，从脑海中的想象到眼前的实景。在成都的这几天与其说是在完成搭建的工作，不如说是在和队友们一起“织梦”。这里不仅有我们的努力，更有来自各方的工作支持，老师的指导、协助师傅的技术帮助、园区工作人员的协调、宣传方的采访报道、评委老师们的评估审核……一个梦浮现在脑海中只需灵光一闪，一个梦的呈现需要一支队伍的心血倾注；而一个梦的搭建需要许多人的支持努力，更需要大众的身心参与。

塞涅卡曾经说过：“自然使我们带着欢乐去做每一件迫于生存而做的事。”我一直认同这句话所阐述的关于景观的内涵——用自然改变人，用自然拥抱人。如果这是一个梦，何必真的醒来，醉心于此，拥抱生活。

如果有一颗种子，我们愿意栽花成海，植树成荫；如果有一缕阳光，我们愿意把自然装进一座花园的盒子；如果有一座花园，我们愿意在其中书写人与自然的艺术。借时光之手，暖一束花开；借一方晴空，拥抱一缕阳光。

设计构思

“秘境花园”是轻盈的、梦幻的，正如《庄子 · 齐物论》中庄周的梦蝶之境，在路径穿梭中达到“物我两相忘”。空间回环而曲折，曲径通幽，芒草掩映。蝴蝶翅膀的优雅弧度通过竹篾的编织生动呈现，双层圆圈构建成蝶翼的表皮纹理。在有限的空间中尽可能丰富视觉感受与空间形态，打破内外空间的分割对立，造型舒展起伏，无分彼此，亦梦亦真，在花园的秘境探索中回溯自然与童真，寻找自己内心的秘境。

编织分析

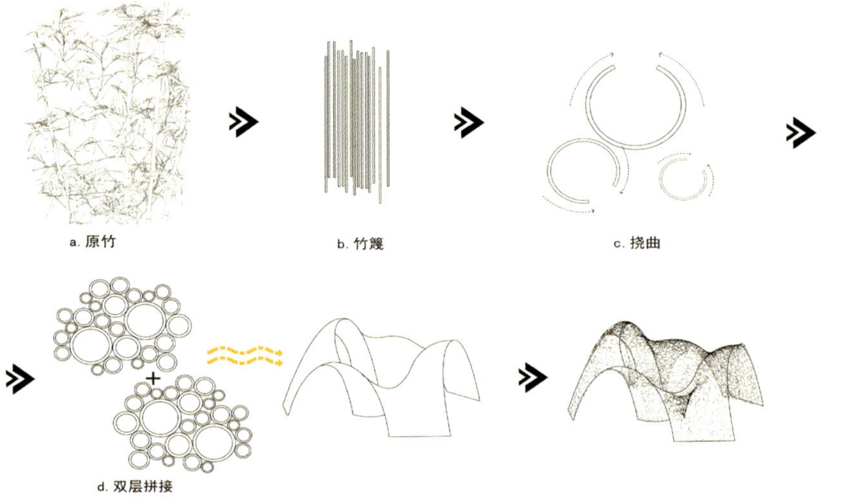

在设计阶段，方案的壳体结构以参数化建模方式完成设计，表皮形态是在矩阵点随机生成的基础上进行相切圆生成，再使曲面流动在模型上，形成最终的圆环网壳体。

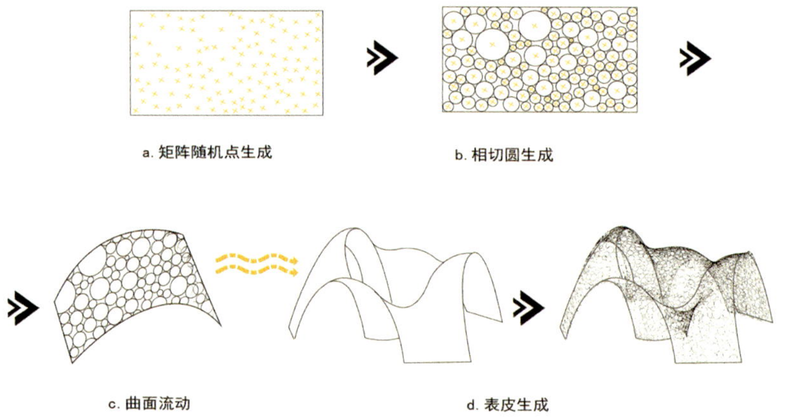

方案最大的建造难点就是如何真正实现设想的表皮、结构“自支撑”。最终敲定的办法是用相切的圆环编织成双层网，以结构不同着力点间、双层网的作用力之间的互相作用使整个曲面网流动且支撑站立。

编织细节

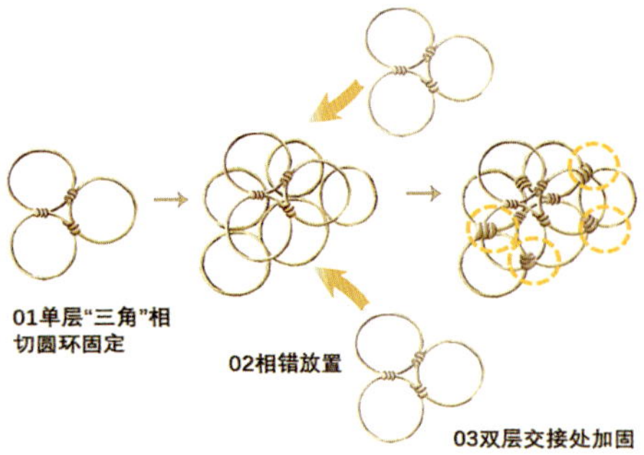

编织过程中，以单层“三角”相切稳定圆环组为基础，编织平面，制作第一层。第二层与第一层相互错开，在其与第一层接触的受力点再次固定，加强双层以均匀受力。

流动的表皮

最终形成的整体为异形壳体，壳体可以使外力作用在结构体的表面上，具有很好的空间传力性能。这样的设计不需要梁、柱支撑，就能兼具承重结构和围合空间。其与竹材的特性完美结合，使整个设计从形体到结构，从空间到材料，都浑然一体，宛若梦境。

“秘境花园”是一个什么样的空间?

“秘境花园”是一个富有意趣、互动性丰富的空间概念，因此花园主体竹构被设计成一个具有无限可能性的空间。竹环编织的形体结构高低错落，流畅起伏。芒草围合出的路径空间曲径通幽，游览者置身路径中，或是弯腰前行，或是低头探索，或是体会视线的豁然开朗，如梦似幻。花园对于“梦蝶幻境”的探索和营造并不是以模仿蝴蝶的具象形态为终点，而是在流动的空间中使“入境者”获得一种轻盈飞舞的舒适游赏体验。

花园整体亲和友好，置身其中，“入境者”可以获得无限可能性的体验。

关于搭建细节

将编织好的圆环网覆盖在辅助骨架的过程，也体现出了表皮的流动感。

关于植物

植物的柔软与竹环和形体的轻盈通透相搭配，使整个花园仿佛从大地上生长出的仙境一般自然灵动。内部运用舞春花、矾根等相对小巧活泼的花卉搭配，但不乏精巧热闹的草花点缀整个花园。人在其中行走，随着空间形态和植物的变化“入境”“出境”，寻回童真，亲近自然。

柔软的竹蔑编织成的竹环，与粉黛乱子草搭配，不管是远远观望还是置身其中，都能感受到材料的灵动、轻盈。

帘幕卷

Picture Scroll of Bamboo Curtain

画栋朝飞南浦云，珠帘暮卷西山雨

获奖情况：竞赛组一等奖
设计方：天津大学
项目设计 & 完成年份：2020
指导教师：王洪成 胡一可
参赛学生：郭茹 张文正 邓唐敏 顾阳 臧青茹 温雯 杨婷婷 赵玥
技术指导：邓剑
协作单位：成都市公园城市建设发展研究院
协作人员：陈果 冯黎 黎丽娟 周里云 高灵敏 王雯 曾建川 王毅
周子游 李铭 刘洪涛

蒋光丛 摄

花竹相融——属于你的秘境花园

机遇与挑战

很荣幸此次花园建造节我们能有机会将图纸落在实际方案上。在来成都现场搭建之前，我们以 1:1 比例在天津大学水利馆进行了竹构的预搭建。在预搭建前夕，我们设想遇到的种种问题，如：搭建顺序是怎么样的?搭建完构筑物不稳定怎么办？竹片弹性太差变形了怎么办？如此大的工作量，我们能否如期完成？但当我们预搭建结束的时候，这些问题也都迎刃而解了。以实现更为高效的建造为目标，在整个过程中，我们优化了原有设计的支撑结构，确定了最为便捷的施工工序。同时，进一步完善了竹构的底部细节处理与节点连接方式，保证搭建的可行性。

构筑物搭建

在方案形态的推演过程中，我们始终关注竹性及相应的建构美学的体现。我们首先将五股竹片弯曲扭转、旋转交织，组成基本框架，让本来轻质易变形的柔软结构通过相互之间的力形成稳定的结构。之后，在保证原有形式逻辑的同时，增加了特殊的两股竹片，使得竹片交织点更多，整体结构不易形变 。力争在符合力学逻辑与美学原理基础上，完美展现出竹片既是支撑结构、又是表皮、更是韵律空间的一体化形态。编织的操作把竹片柔韧耐弯的优势特性发挥到了极致，同时保证竹构肌理富有韵律，节点衔接巧妙。

在现场搭建的过程中，根据预搭建的经验，我们增加了 10% 的竹构高度，保证了在撤去支撑结构及竹构形变后，呈现出较为完美的形态效果。同时，通过增加底部节点数量，竹构更加稳固，并最终在没有任何原竹支撑的情况下，通过竹片间的相互作用力， 真正实现了构筑物结构—表皮—空间—形态的一体化，让竹构达到柔软与坚韧的和谐统一。

花园植物景观营造

花园景观营造与竹构干净、纯粹的逻辑语言相融合，进一步呼应了竹构的秩序美与韵律感。通过采用曲线构图形式，结合藿香蓟、墨西哥鼠尾草、超级向日葵等植物的错落配置，形成丰富且细腻的植物肌理，诠释出一幅花竹相融的天然画卷。花园底部以白色卵石与灰石硝铺地，与弯曲的原竹共同形成自然延展的路径，同时利用粉黛乱子草、玲珑芒等观赏草进一步围合空间，表达梦幻且柔美的意境底色，给人以回味无穷的想象空间。人们穿梭其中，衣摆轻轻扫过花序，感受自然野趣。

心得体会

在成都建造的前几天都是阴雨绵绵，但丝毫不影响大家想要尽自己最大努力呈现完美作品的那股干劲儿。我们曾披着雨衣整理竹材、迎着烈日修改施工图、借着昏暗的灯光营造植物景观。短短的几天，我们既体会到将方案落到实际项目中的乐趣，也提高了团队合作的能力。此次活动是我们在校期间为数不多的实体建造机会，我们很感谢主办方提供此次机会让我们可以将自己的设计作品以符合人体尺度的规模实地建造出来，在增长知识的同时，我们还收获了友谊。本次花园建造节的设计与实践经历，既有效提升了我们的动手能力和随机应变的能力。拓展了设计思维与创新能力，更提高了我们对建筑空间与自然融合的认知与处理能力，最重要的是，在建造过程中，学生和老师能够相互沟通交流、共同解决问题，让设计理念与设计思想得到充分诠释。这些都有助于我们以更专注、更严谨的态度去对待专业学习，为今后走向社会打下坚实的基础。

设计构思

“画栋朝飞南浦云，珠帘暮卷西山雨”。方案根据“珠帘幕卷”的理念展开设计，以期建造花竹相融、帘幕载卷的竹构作品。竹片交织形成竹帘，竹帘旋转生成帘幕，帘幕叠加构成画卷。以纯粹的编织形式建造竹构，由简入繁，亦实亦虚，境融竹中，形成亦梦亦幻的“帘幕卷”秘境花园。

设计灵感

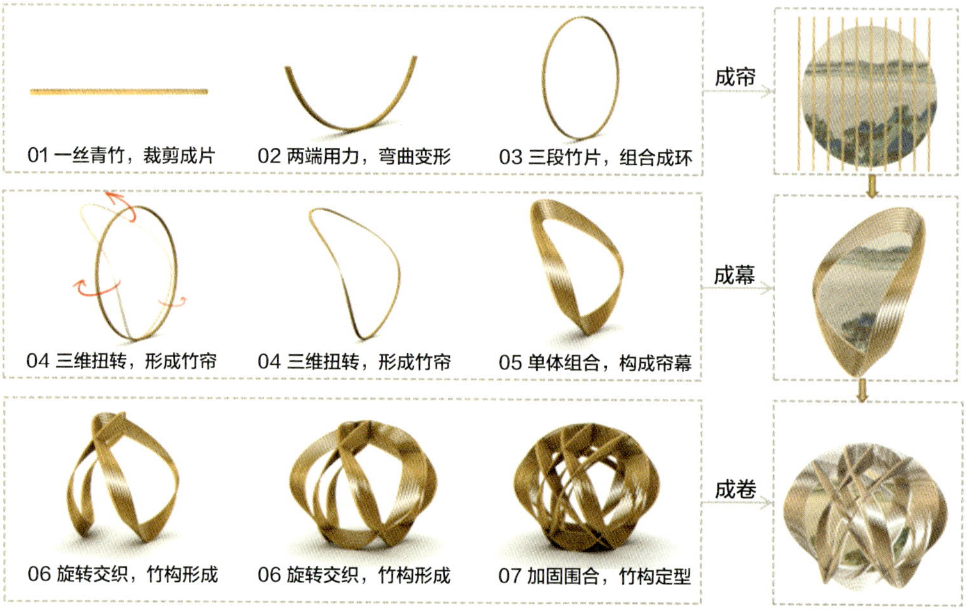

形态生成

选择竹片

选择宽 3cm、厚 0.5cm 的竹片

强度问题

单层竹片承重能力不足，难以直接建造

强度问题

10 层竹片并排叠加承重与抗弯能力提升

竹片弯曲

10 层竹片弯曲成形如何保持竹片之间的平行间距

顶部先行
连接节点

5 匝竹片叠加打造五边形的顶部节点，连接节点应用“螺杆—螺母—竹环”将竹片平行分割

5 匝构型

5 匝竹片交错，实现“承重 + 结构”的一体化搭建过程

增加 2 匝

增加额外 2 匝竹片，塑造更丰富的造型

校园内模型搭建

关于空间

小花园的设计形式与构筑物的肌理协调统一，整个空间由内、外两部分构成。外部空间宽敞、明亮，用粉黛乱子草营造出一个半围合的空间，增加神秘感。内部空间由竹片编织、围合形成，搭建构筑物时形成了大小不同的视窗，在丰富空间的同时还能起到一定的视线引导作用。在内观赏的游人向外看时，视线会忽明忽暗、忽近忽远，收入眼底的景观也随之变化万千，使游人全身心地沉浸在神秘的小花园中，增加了观赏乐趣和游玩体验。

“探”——身处内部空间，透过大小、高低变化的视窗对外面的天地一探究竟，眺望之余带来神秘的感官体验。

“望”——透过星星观星空。

“触”——通过指尖的触碰去探索神秘有趣的构筑物。

“思”——交织扭转的竹片构成了舞动的光影线。

以结构与编织回应“成帘”“成幕”“成卷”

竹构通过七股竹片扭转编织，最终达到结构、表皮、空间、形态一体化。竹片交织形成竹帘，竹帘旋转生成帘幕，帘幕叠加构成画卷，构成帘幕卷。对五股竹片进行弯曲扭转、旋转交织，组成基本结构框架，通过竹片间的相互作用力形成坚固的结构。同时在保证原有形式逻辑的前提下，增加了额外的两股竹片，使得竹片间的交织点更多，整体结构更加稳定。

通过穿插、叠加、固定节点的编织手法使软软的竹片相互受力，搭建出一个稳定、可移动的构筑物。

关于搭建细节

在现场搭建的过程中，根据预搭建的经验，增加了 10% 的竹构高度，保证了在撤去支撑结构及竹构形变后呈现较为完美的形态效果；同时增加了底部的节点数量，使竹构更加稳固。在没有任何原竹支撑的情况下，通过竹片间的相互作用力，真正实现了结构—表皮—空间—形态的一体化，让竹构实现柔软与坚韧的和谐统一。

关于植物

首先利用藿香蓟、墨西哥鼠尾草、佛甲草、金边阔叶麦冬、迷迭香等组合烘托意境，在花园入口处，主要使用马缨丹、马利筋、超级向日葵、舞春花、矮石竹等彩色系花材点缀，增强入口的层次感及神秘感。同时，以粉黛乱子草、玲珑芒等观赏草进一步围合空间，营造神秘的空间体验。人们穿梭其中，衣摆轻轻扫过花序，感受自然野趣。整体植物高低错落，空间层次感丰富。

森之秘语
The Whisper of Forest

给你一个小树洞，安放烦恼和美梦
——童趣的秘境

获奖情况：竞赛组一等奖
设计方：重庆大学
项目设计 & 完成年份：2020
指导教师：夏晖 罗丹
参赛学生：汤思琦 廖文静 叶謦 李丝倩 高群 黄荧 冯诗雁 尹子佩
协作单位：成都市花木技术服务中心
协作人员：张彤 陈冲 罗伟 罗增春

王晓龙 摄

每个人都需要一个“树洞”

本次北林国际花园建造节的主题为“秘境花园”。提到“秘境”，我们陷入了思考，小组成员每个人有每个人的理解与想象，设计的 idea 我们可以通过语言、图示的交流而理解彼此，而我们每个人内心更深处的那些想法，又该如何被倾吐，被他人所探索呢？这些内心深处混沌而难以触摸的思绪、情感，不就是一方秘境吗？

电影《大佛普拉斯》中有这样一句话：“我们可以登上月球，却无法看穿别人内心的宇宙。”于是，我们构想了这样一个故事：

在城市中面对生活压力工作烦恼的设计师兔子先生，每天辛苦地设计、画图、改方案，他忘了自己存在的意义，在城市中逐渐活成了一个孤岛，生活不再快乐，设计也没有了灵感……

直到这一天，他在飞驰的地铁上发现窗外的城市高楼逐渐变成了昏暗的森林，地铁消失了。他在昏暗的树林里开始打盹，梦中出现了一个神秘且富有安全感的树洞。打盹醒来之后，他发现自己回到了充满阳光的秘境森林，在一片苇草中，他发现了那个正在搭建的树洞。他与这位搭建树洞、住在森林里的快乐的兔子相对而坐、倾吐心声，释放压抑在心里很久的种种烦恼。

兔子先生走出树洞，他才发现那只快乐的兔子就是曾经的自己。兔子先生终于找回了迷失的自我，发现眼前另一片美丽的花园……

于是，为每只心事重重的“兔子”打造一个可以倾吐烦恼和秘密的“树洞”成为我们的设计目标。

“森之秘语”以树洞为原型，打造了一方在其中可以倾吐烦恼的秘境。竹构将低技的做法贯彻到底，骨架简洁，外表皮先用竹篾编织，再将竹梢插接，形成外形朴拙、内部梦幻的形体与空间效果。自然不规则的圆形开洞，使光与云、枝与影映入内部空间，形成自然与构筑物之间的交流与渗透。两种氛围截然不同的花境与构筑物相结合，利用景观叙事，形成空间变化，引起游赏者“紧张好奇—敞开心扉—豁然开朗”的情绪起伏。

非常有趣的是，在方案建造完成之后，创作团队听到了众多游客关于造型像什么的解读：像兔子、像鸟巢、像栗子、像松鼠……简单、朴拙又具有童趣的外立面，使游客们产生了许多可爱的联想。为营造古朴简拙的神秘之感，竹构整体形态浑圆坚实、包裹性强，使外立面看起来不通透但是极富原始、古拙、奇幻色彩。空间上，各个界面都增强了围合度，使其构成一个弱通道空间，增强了游赏者在树洞中停留的欲望，创造坐下来倾诉的契机。自然不规则的圆形向上开洞，使光与云、枝与影映入内部空间，形成自然与构筑物之间的交流与渗透，人们可以在其中交流、休息、倾诉、冥想。

参加比赛的这几个月，对于我们来说是一场可爱的奇遇与探索，也造了一场属于自己、团队、所有人的梦境。在那里我们归于童真，呈现原始朴拙之美。最终我们体会到：赋予场所以意义、讲好心底里的故事是设计的本质所在。一路辛苦，实在值得。

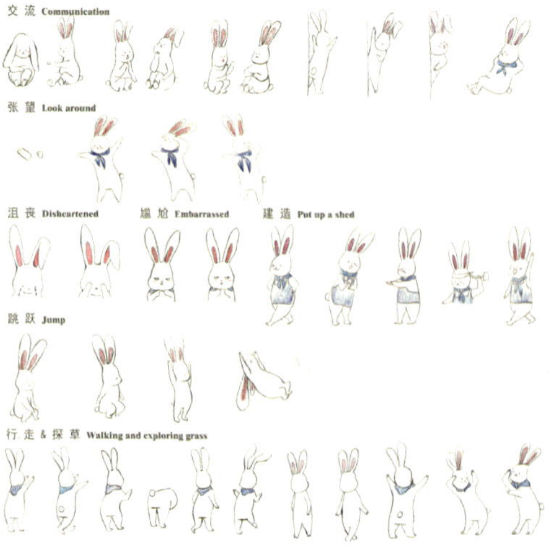

设计构思

“秘密”和“心声”本就是每个人心底的一方秘境，因此设计团队期望作品能调动游览者去分享他们的“秘密”与“心声”。“树洞”是倾听心声之地的代名词，创作团队以“树洞”为灵感展开，以期打造一个能倾听、交流、冥想的神秘空间，帮助迷失者找回自我。

设计灵感

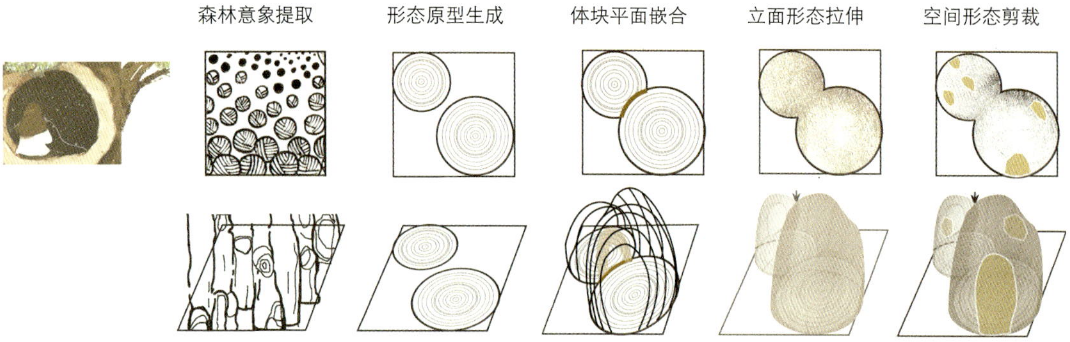

形态生成

地面骨架

地面以直径 40mm 的原竹作为骨架，由几段烤弯的原竹拼成两个椭圆。

竖向骨架

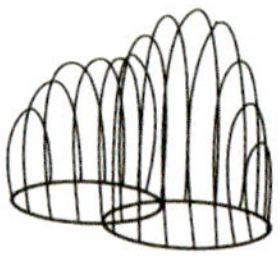

竖向骨架由 18 根直径 40mm 的原竹组成，其中两个门洞的骨架由四根原竹捆扎而成增加其稳定性。

横向骨架

横向骨架起着稳定竖向骨架和定位的作用，由宽 40mm 的竹条组成，用钉枪钉在竖向骨架上。

表面开洞

在骨架预留好的位置进行窗洞的安装，窗洞由直径 40mm 的原竹弯曲插接而成。

内层编织

内层编织由宽 40mm 竹条和宽 20mm 的竹条交叉乱编而成，门洞采用粗麻绳缠绕增加野趣。

外层编织

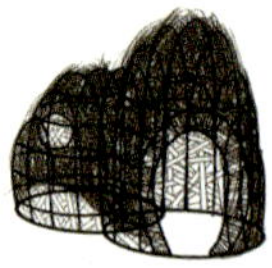

外层编织采用竹梢层层覆盖，用细铁丝将竹梢固定在内表皮上。

关于空间：以“洞”呈现可以遐想的美

粗暴的开放只会带来视点的无组织，我们的花园本身应当渗透到已有的自然景观之中。因而团队依据视线关系，开了三处洞口，游览者可以踮起脚尖远眺园区雕塑的一角，感受具有遐想的美，还可以抬起头望一望天，沐浴在和煦的阳光里；也可以悄悄探出头欣赏风景，在洞边听听森林里吹来的风。

内部空间光影斑驳，静谧空灵。

外部效果古朴、原始、神秘。

来访者可坐于手编的蒲团上，吐露烦恼。

树洞内，织锦花毯奇异绚烂。

关于材料：以竹梢打造的梦幻感

竹梢是竹子顶部向上生长与侧面向外生长的部分，外貌特征是有大量幼细的竹枝和茂盛的竹叶，日常多被用于制作扫把或铺设屋顶。创作团队开创性地将竹梢绑扎缠绕进竹篾编织的表皮，无序的竹梢与有序的竹篾作为两种主要材料编织在一起，从外部看，毛茸茸的树洞仿佛在林间安睡，原始而神秘；走进树洞，斑驳的光影渗透进空间内部，仿佛被撒上了一层碎金，从而形成原始神秘的古拙奇幻之感。

竹梢与竹条两种竹材料所产生的奇妙的“化学反应”。

关于搭建细节

顶部的纹理编织采用如布料裁剪一般的方法，先将竹篾纹理编好，再裁编进骨架当中。

竹梢以捆扎的方式成组覆盖在竹篾纹理上，再进行造型修剪。

关于植物

植物设计是秘境花园形成完整叙事和烘托气氛的重要手段。整体方案用一条单向的流线，将“秘境探寻”“树洞倾诉”“花园徜徉”这三大分区串联起来，创作团队利用不同的植物配置手法，引导游览者产生“紧张好奇—敞开心扉—豁然开朗”的情绪起伏，形成完整的景观序列和空间变化。“秘境探寻区”用观赏草作为主要植物，包括茅草、细叶针芒等，衬托构筑物的朴拙，烘托探索的神秘气氛；“树洞倾诉区”通过攀缘植物从构筑物底部由外向内蔓延，达成内外空间的渗透；“花园徜徉区”以“紫色、蓝色、黄色”为主的高低观赏花卉组合搭配形成花境，为游览者营造走出树洞豁然开朗的感觉。

尘垣

Meditation

在千年的风蚀中感受禅意、光与影

获奖情况：竞赛组二等奖
设计方：西北农林科技大学
项目设计 & 完成年份：2020
指导教师：李志国
参赛学生：徐艺峰 张乐其 王逸涵 温静怡 范世玉 杨可欣 张茜 丁枭
协作单位：成都市绿化工程队
协作人员： 汪建平 龙献东 张雯

让花园成为人们眼中的光

2020 年的秋天，我们有幸参加了 2020 年成都公园城市国际花园节暨第三届北林国际花园建造节并且获得了竞赛组的二等奖。感谢中国风景园林学会为我们提供了这次锻炼的机会，也让我们在大二的时候就可以从构思、制图到演讲、落地得到全面的锻炼。同时也感谢成都多家单位的大力配合。若缺少了任何一方的协助，作品都不会这样圆满地呈现在“天府之国”的中心。

壹・花园的背后

“尘垣”作品的背后有着我们多位组员的共同努力付出。由于我们的竹构设计意在模仿自然，而非简单的几何穿插，因此我们需要采用比常规竹构建模更费时间的方法——手工搭建。为了能在电脑中完成和实体模型一致的精细画面，我们用类似地形测绘的方法，将实体模型依高度分隔成三十余个横截面，并测出每一横截面外轮廓关键点的坐标，将这些关键点连线、调整，最后将横截面重叠，以此为基础完成了能够模仿自然风蚀地貌的电脑竹构模型。另外，由于新冠肺炎疫情影响，我们完全依靠 QQ 视频线上通话，来进行方案的磨合和图版的制作。甚至在搭建的前几天，我们的部分组员需要一边隔离，一边完善建造所需的施工图。

贰・徜徉花园中

通过作品我们想呈现的是静思对于当代社会的重要性。对于秘境花园这个主题，我们组的解读更偏向如美国羚羊峡谷一样虽荒凉却有着一方绿洲的净土。就像在那里生活的印第安土著人相信峡谷内栖息着他们祖先的英灵，我们坚信游人憩居的花园一定要有可以打动人们灵魂的东西，那便是静思。人们需要静思来反省自身，完善自身，得到内心的超脱，这是现代人身上极为缺乏的品质。

在花园的设计中，为了达到预期效果，我们选择了竹篾作为外表材料进行弯折、变形，旨在阐述雕塑肌理、明与暗、动与静的变化。有时一根竹篾会因为受潮而断裂，那么这一层结构便前功尽弃。经过不懈的努力，我们终于完成了层层不同、需要手工弯折的主体结构。接下来还需要搭配苍凉粗犷的植物与中心枯木来营造禅定的氛围。

叁・花园的收获

这次花园节作品是创作团队第一次搭建的实地项目，从施工图设计到实地搭建都是第一次。

在搭建过程中，我们收获了很多的友谊。我们模型搭建的难度较高，搭建的方法是往届作品从来没使用过的，即将竹篾钉在内部构架之上。看似简单，但定型却遇到了极大的困难，工人们都很关照我们这群第一次来到工地的学生。他们很耐心地和我们沟通，遇到问题时也很热心地帮助我们。经过大家的思考，我们终于找到了较好的解决方案。我们不仅提高了动手能力，还更深刻地感受到了团队协作的力量。这三天大家在风吹日晒中齐心协力搭建，终于达到了比较满意的效果。

韶华易逝，虽然花园节早已落下帷幕，但是我们的作品却被定格在了照片中和人们的心里。这大概是一名普通的设计人最想看到的吧。花园节期间，小孩子们来我们的花园里玩耍嬉戏，老人们走走停停。花园节之后，通过网络传递回来的照片，我们看到人与场地间闪烁着一抹柔和的光，这大概便是建造作品真正的意义吧，它不仅仅牵动了广大园林学子的心，更是在新冠肺炎疫情期间人们对于秘境花园的美好希冀和眼里的光。

设计构思

方案灵感来源于风蚀走廊，透过节理复杂的层岩，错落有致的地形，如同勘探高深莫测的秘境，结合了风蚀走廊和竹条的共同点，在色彩、编织方面形成天然、朴素的艺术特色，形成“尘垣”的设计方案。

方案通过两个角度、三面围墙的围合，表现风蚀遗留的岁月蹉跎，层叠销蚀的躯壳象征世间纷扰，内在木雕象征着人的静思。在浮躁的现代生活中，人们在光影变幻莫测的竹构中静思冥想，远离尘嚣从而追求内心的平静。在经历学习工作的劳累后，享受原始的本真本色，无匮乏无享受，无所求无所惧。

形态推演

我们选取了美国羚羊峡谷的岩石横向纹理、风蚀壁龛、风蚀脊等要素，用竹篾打造出峡谷的肌理感。

编织纹理 Woven texture

编织纹理 Woven texture

墙面纹理 Wall texture

建造方式

合理的搭建方式与力学结构也是竹构可以落地的关键。

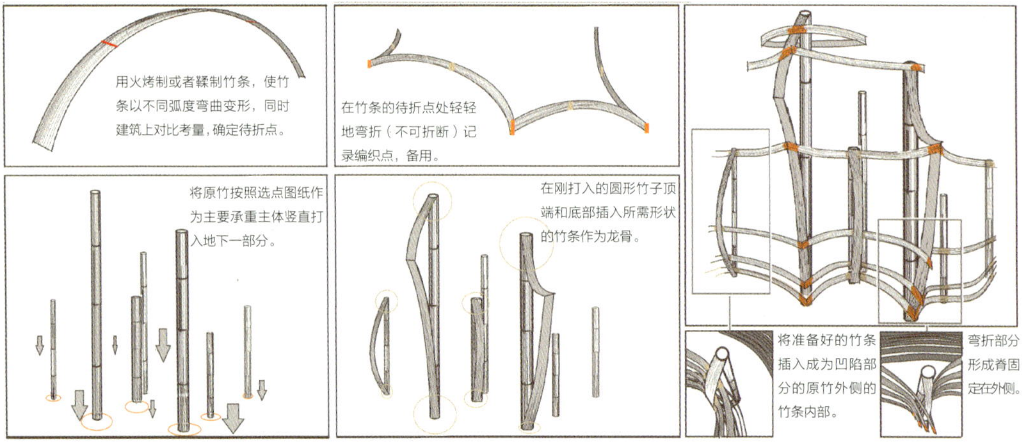

模型展示

预制模型，以小见大地模拟竹结构与造型。

编织过程与内部结构

三面墙体以粗竹竿作为骨架藏于内部。将竹篾进行弯折模仿风蚀峡谷表面的纹理，并依次由下至上堆叠，贴附在竹竿上围合出墙体轮廓。在建造过程中，为创造出最丰富的光影变化，建造顺序需遵循建造时的太阳光线变化，先建造内部空间的表面肌理，再建造外部，确保作业时一直处于光线充足的状态。

空间变化

以竹篾编织的弯折回转模拟羚羊峡谷层次丰富的风蚀表面，体块间的穿插堆叠使空间变化丰富复杂，三面墙体共同围合出一片与外界分隔的宁静小空间。同时在空间使用上分为可静坐冥想的静区和供人于峡谷间穿行的动区通道，并将植物景观作为空间视觉焦点置于峡谷另一侧。

光影变化

我们不仅还原了峡谷变化莫测的曲线，同样还呈现了神奇的光影变化，当光线随着时间变化变得或明亮或暗淡，光色从殷红到黄昏，光滑的竹篾折射出的不同光色，也体现出了晦明的变化。

植物设计

使用以芒属植物为主的观叶植物，配合着低矮的灌木，营造出荒凉干旱的环境氛围；同时在内部使用朱蕉辅以枯木，呈现给游人任时光流逝的静思空间。

迷笙

Bamboo Organ

一个独自一方天地的花园，
一处朦胧而幽邃的秘境。

获奖情况：竞赛组二等奖
设计方：北京林业大学　清华大学
项目设计 & 完成年份：2020
指导教师：郑小东 段威
参赛学生：高嘉阳 赵书涵 孙千翔 朱临昕 马迎雪 韦明洁 张佳艺 乌家宁
协作单位：成都动物园
协作人员：谷阳 敬世敏 韩宇

蒋光丛 摄

小“竹笋”的成长史

第一次做真正意义上的竞赛小队队长，跟小伙伴的合作过程非常开心有趣。从刚开始的概念设计到“迷笙”有幸落地，就像自己的孩子艰难地出生。这或许是学习中最快乐的事情。这是我第一次参加搭建，非常感谢协作单位的全面支持和队友的相互配合。尽管从设计、搭建到评比仍有一些小遗憾，但参与花园节对于自己的学习有非常大的帮助，希望明年还有机会可以再次参与。

——高嘉阳

2020 年是不平凡的一年，也是与竹境相伴的一年。从冬天的组队，到春夏的方案提交，再到初秋惊喜的实地搭建……对于刚结束大二阶段的我来说，能够将小组的竞赛作品在成都实地搭建是一次非常宝贵的经历，这也是我第一次参与实地施工。短短三天，我们在工人的协助下切割、编织、搭建……整个过程让我们与竹这种特殊材料进行更加深入的对话，了解它的特性，也让我们了解到从方案到施工的过程有哪些意想不到的变数以及如何去对应。感谢这次与可爱的队员一起搭建的难忘经历！

——朱临昕

最幸福的是看着一捆捆竹片最终变成效果图里的样子，而我们又参与了其中的每一个细节。搬运，测量，裁剪，编织，立柱，捆绑，锯断，打桩，直到评审前的最后一小时还在忙碌。但当最后一刻种上植物、铺上石子、放上音乐、点起灯光，身上沾满泥土灰尘，我们终于感受到质朴充实的快乐。小组的所有人都特别给力，还有在场地给我们大力帮助的工人师傅和老唐，希望成都市民能在那里玩得开心！

——孙千翔

我很荣幸能够参与此次花园建造节的搭建项目，这是我首次作为参赛者来到建造现场进行竹构的搭建和花园的布置，作品的建成落地就如同梦想照进现实般美好。亲眼看到游客按照我们预先设置的线路在构筑物间穿梭游览的感觉十分令人难忘，竹构建造的过程更是欢快有趣、充满惊喜。真实的搭建过程往往和最初在图纸上的设计预想有所差别，但这点滴微妙的变化所激发出的意外灵感，也正是设计之魅力所在。

——韦明洁

三天半的建造历程转瞬即逝，我们的设计作品第一次建成落地。这是一次非常难忘的体验。实际的搭建过程与以往在纸上、计算机上的设计过程有很大的不同，我们在现场搭建中遇到了很多在设计阶段没有料想到的问题，需要我们不断地寻找解决方法，与工人师傅讨论可行性。但也正是因为有了这些尝试，我更深刻地了解和认识到竹子这一材料的特性以及它无限的可能性。同时，建造的过程也让我深刻地了解到设计和现实的差距。

——马迎雪

设计构思

什么是秘境？我们从王维的《竹里馆》中找到了答案——幽深竹林里弹琴长啸，独坐辋川时明月高悬。虽竹影掩映，琴音却透叶而来。秘境中“乐”的存在不可或缺，人在其中，视线虽受阻，听到的却绵延。

根据这一对秘境的设想，我们提取竹林、竹笋、竹根三个元素，结合中国传统乐器笙去塑造视听结合的观感体验，创造了一个独自一方天地的花园、一处朦胧而幽邃的秘境。

设计灵感

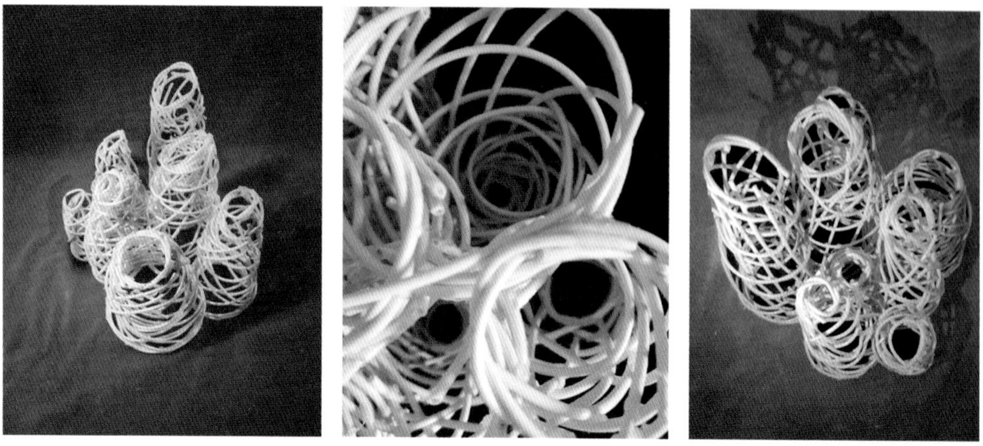

我们将破土而出的竹笋作为一个基本单元形式，像竹林一样，一个挨一个簇拥在一起，底部盘旋缠绕的竹根作为联系单个竹笋的纽带，结合笙高低错落的形态，通过手工模型完成了初步的设计构思。

形态生成

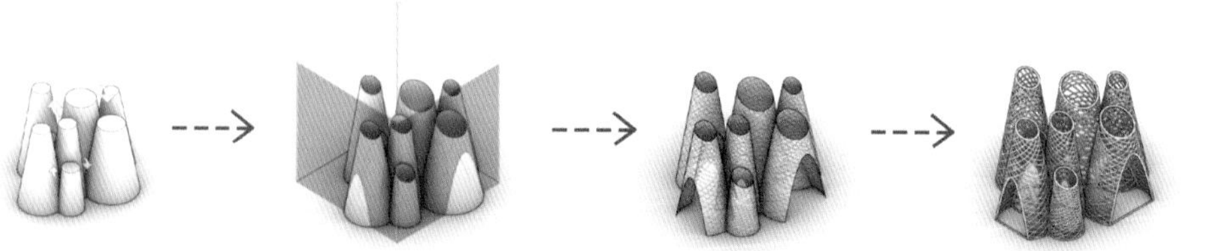

对实体模型进行整理后，我们再对每个基本单元之间以及与设计场地边界的相交部分进行切割，形成了最终的形态。

力糅编织

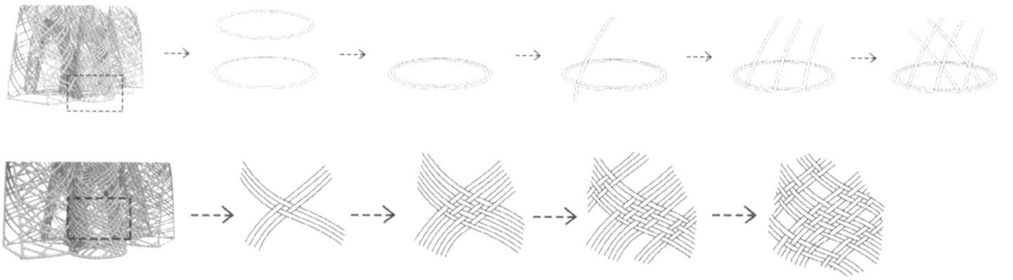

多样的空间游赏体验

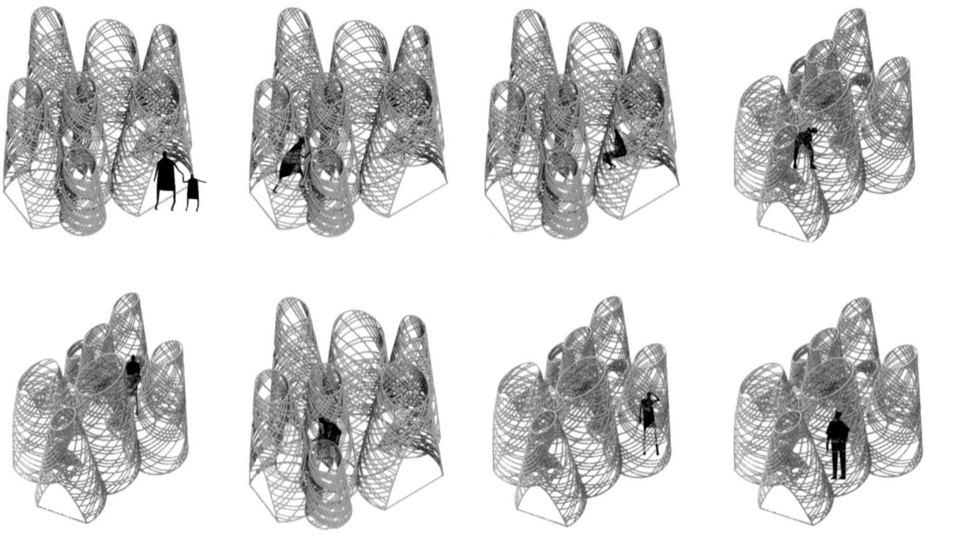

搭建过程

“迷笙”的搭建运用 3mm 厚度的竹片和竹篾进行编织，无须进行预加工，作品整体体量轻盈，表皮即结构。

内部复杂的空间

漫游迷笙

细胞魔方

Magic cell cube

生命的多变与有序整合

获奖情况：竞赛组二等奖
设计方：华南农业大学
项目设计 & 完成年份：2020
指导教师：李梦然 李剑
参赛学生：杨楠 张译雯 刘康 刘蓉 黄曼仪 陈沐华 杨晴
协作单位：成都市绿化工程三队
协作人员：段敏丰 钟新树 何瑜

汤宏炜 摄

花园，城市，人

从 3 月报名参赛以来，直到 10 月整个方案的落地生成，经历漫长的 7 个月，我们的 2020 年里，花园建造成了特殊年份里一个特殊的记忆。从方案的生成到作品的建造，从一个纸上的小花园到搭建完成的花园竹构，每一步都带着欣喜与感慨。

成都花园节开幕那一天是阴天，时不时会下雨，场地里满是披着雨衣的身影，但建造工作仍是如火如荼。

跟我们合作的两位师傅是地道的成都人，他们总是早早来到，不怎么说话，后来熟络了偶尔会跟我们开开玩笑。在一次搭建时，有位师傅用成都话向别的师傅解释搭建的细节，在搭建的过程中他们也渐渐成为我们中的一员，为我们的设计思考。

在搭建的第二天，有位老先生拿着相机帮我们记录了工作的瞬间，我们就这样跟老先生搭上了话。建造的第三天，老先生也来了，激动地跟我们说他在我们的花园里找到了哪些角度，正好对着落日，十分漂亮，让我们也一起拍一张。闭幕式那天，老先生带着他的夫人一起过来，我们欣喜地跟老先生分享我们获奖的消息，用相机记录下了这一刻。

我们的场地在公园道路的附近，路过的游人总会充满好奇地观望，有孩子的妈妈带着孩子跑来摆弄着我们的竹材，因此我们也会跟妈妈们聊起来，并希望她们在花园建成那天也过来看看。花园快要落成的那天，有两位阿姨在拍照的过程中与我们分享了她在花园里拍到的“城市之眼”。那时正午的太阳仿佛被我们捕获，成了我们作品的一部分。每天总会收到城市中不一样的人们对我们作品的评价。他们也乐于分享、发现，并赋予了我们作品新的意外之景，那些在我们设计之外的景。

花园是城市与人之间的媒介。这次的花园建造，是由我们、师傅、市民一起打造完成的。在成都建造花园是一个很特别的机会，在这里，我们的建造融入了城市的生活里。城市中的市民会参与其中，他们或是驻足观望，或是拍照纪念，或是津津乐道。这个花园的建造仿佛是城市中的一个点，促使人们参与到城市花园的建设中，产生了与这个花园的关系，也产生了与城市的关系。他们通过花园去发现城市的美，找寻花园里所展现的城市之景，如落日余晖，如正午烈日。花园作为一个触发器，其建造过程本身就是城市生活中的一部分，促发城市中的人参与并与之产生了关系，这就是花园建造的意义。

最后，感谢所有在建造过程中参与的工作人员！感谢协助建造的成都绿化工程三队！感谢为我们提供照片的热心市民！花园的建造也是属于你们的一部分！

设计构思

“秘境”除肉眼可见的世界外，还有深藏于微观世界的自然神秘。

我们将细胞的生长过程变化抽象拆解为一个个魔方小块空间，利用竹篾的柔软特性打造空间的纵深感与螺旋感，展现不同的生命变化；以相似植物的色彩、高度变化象征生命的逐步成长过程。最后，各部分相互组合，形成了一个内部变化莫测、外部整合统一的神秘空间——细胞魔方。

形态生成

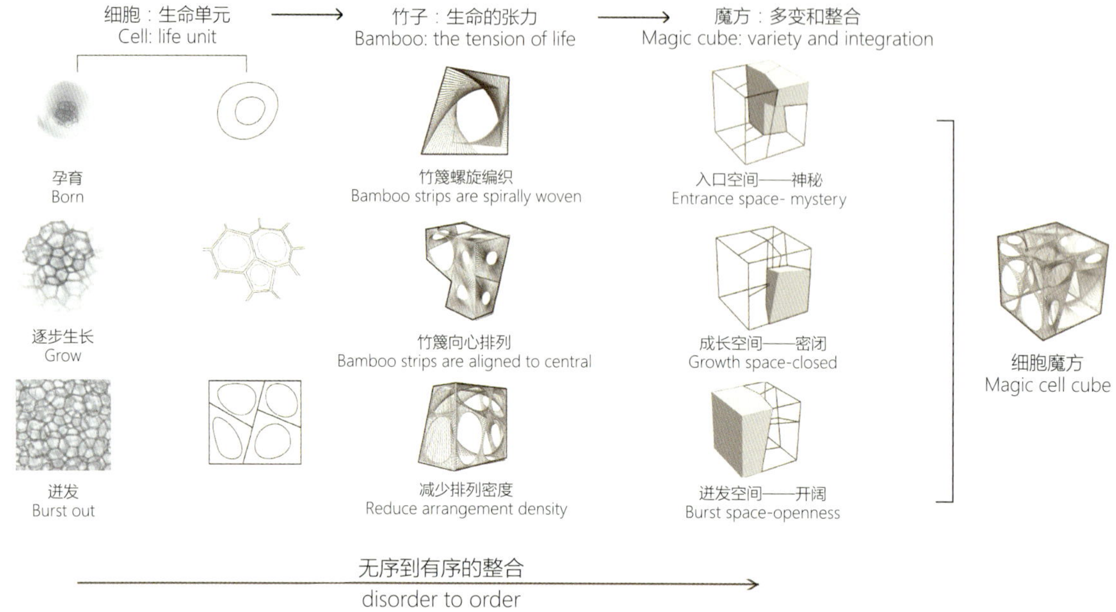

空间体验

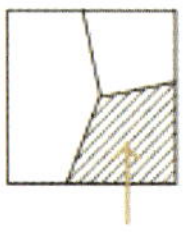

生命的孕育——神秘
利用竹篾形成螺旋入口，吸引人进入，体现着生命的神秘感。
在植物搭配上以冷色调为主，暗指生命的孕育。

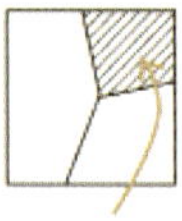

生命逐步成长——密闭
通过增加表面竹篾编织的密度、缩小圆口尺寸形成相对密闭空间，使人短暂停留，并延续入口空间水平方向的螺旋变为向上的螺旋，体现生命的逐渐生长。

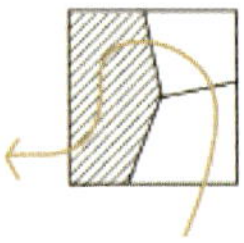

生命迸发——开阔
通过减少表面圆口大小形成较为开阔的空间，立体的螺旋也逐渐过渡到平面编织，配置同种类型的暖色调植物体现生命的完全迸发。

关于结构

总体框架：为了能同时满足支撑及快速建造的要求，我们采用“框架—表皮”的搭建模式，整体框架利用不同尺寸的圆柱分面搭建，最后拼接在一起，同时，按照原定的尺寸搭建表皮的外框、排列表皮的竹片，将表皮模块化后，使用气钉枪固定在总体框架上。

栾秋生 摄

王俊良 摄

内部螺旋与外表皮：表皮通过竹片的顺序排列，形成大小不一的“细胞模块”。在内部空间上，入口利用小竹竿以 15cm 间隔排列，形成横向的螺旋，而二、三空间延续一空间的形态，利用 2cm 宽的竹篾排列形成向上的螺旋，暗示生命的不断生长。

龚全意 摄

陈智伦 摄

王振甲 摄

隐亭

Invisible Pavilion

以竹为媒对话魏晋风流

——秘境花园

获奖情况：竞赛组二等奖
设计方：北京林业大学
项目设计 & 完成年份：2020
指导教师：郑小东 段威
参赛学生：王潇然 杨柳 薛婧 张雅迪 邓牧云 张涵林 汤大为
Wala Ali Hasan Shobil
协作单位：成都动物园
协作人员：谷阳 敬世敏 韩宇

蒋光丛 摄

会心处不必在远

“隐亭”的设计灵感来源于宗白华先生的“晋人向外发现了自然，向内发现了自己的深情”，先人由外寻而内观，寻找了一方寄托“朝隐”之思的境地，将深情收敛在方寸山水里。放眼当下，生活在城市中的人们，虽不能高隐林泉，但心中亦有这份对自然的向往。“隐亭”循迹“隐于朝”的道家思想，希望给今天生活在喧嚣与忙碌中的人们一个回归本真的角落，对话内心的自己。

“隐亭”是我亲手搭架完成的第一个作品。在短短的三天里，遇到了很多结构上的问题和区别于图纸上的小状况，但都在老师、队友、搭建师傅、成都动物园的帮助下共同解决了。这种看着作品从无到有、看着它磕磕绊绊一点点建成的心情，哪怕是有现实与想象中的差异，都是妙不可言的，或许这就是手工搭建的魅力所在。会心处不必在远，希望“隐亭”在蓉城优雅造物，从容生长。

——王潇然

城市是个喧闹的地方，人们步履匆匆，对周围的景色视而不见，只沉浸在自己的“旅途”中，从秘境花园的主题出发，我们的“隐亭”由此而诞生。它是一个构筑物，可以容纳肉体；它也是一个庇护所，可以藏匿心事。这里是短暂停留的休憩场地，也是与内心沟通的秘密角落。

——杨柳

在成都的几天里，“隐亭”作品从骨架开始，到表皮的编织，到隐亭初见，都汇聚了全组人员的智慧与汗水。在四根主要骨架搭建的过程中虽然遇到一些问题，但经过不断尝试很多创意性的解决方案后，最终搭建完成。花园节建造不仅为成都这座美丽的城市留下了“隐亭”，也给我们留下了一段美丽的回忆。

——薛婧

建造过程从放线到建成共历时 3 天，无论是选材、结构，还是对环境的营造，我们都以“秘境”为主线，力求营造出质朴纯粹的氛围，凸显“隐亭”的野生感。例如，在搭建竹构的过程中，为了体现材料的原生态，我们对原有方案进行了一定调整，将每一层竹片向外延伸，营造出交错有致而又随意自然之感。我们还十分注重对“隐亭”环境的营造，力求表达出“隐亭”自然生长于花丛中之感，所以选用纤序芒和高大的景观草遮挡视线，布置蜿蜒的路径，采用碎竹片铺地，引导人逐渐走向自然、感受静谧。

——张雅迪

在成都的公园城市中建设“隐亭”花园，为美丽的城市公园体系增添一个独特、安静的小角落。人们于“隐亭”中，可以感受到安静神秘的氛围，在不同的时期，感受到日光透过竹片照进来，为冬日带来一丝温暖，为竹构带来一丝诗意。

——邓牧云

蓉城，人杰地灵之地。

秀美山水，宜居福地，孕育蓉城万物，令人神往。此番造园之工立于蓉，实乃幸事，隐亭之隐，众人得以明晰。

隐，隐者之隐。蓉城之怡然，众人皆知；怡然之地，何缺隐者？古有五柳先生东篱采菊，见南山之悠然；今有吾等少年花园筑竹，增蓉城之秀美。

妙哉，妙哉！

——张涵林

我们的“隐亭”，和成都这座城市一样，有着不同于其他城市的呼吸，有着它别样的热情，山水之中、尘世之外。置于“隐亭”中，你听那风吹过芦苇，是成都向我们问候。公园城市，花园缤纷，就该如此。

——汤大为

设计构思

设计方案取独坐市井里、俯仰天地间的场景为原型，以方形的质朴纯粹和结构的简单重复表达对“秘境”这一主题的诠释与追求。期望用竹与草，在庸常的物质生活之外搭起一座精神栖息地。

step1 原型　　step2 提取　　step3 编织　　step4 掀起　　step5 成型

掀起的一角，既是构筑本体对场地的回应，也可看作人的内心对外界的涵容，亦是诗意的自然和艺术的主体在人与自然沟通中实现的互动。

▼生于城市之心 隐于都市之间

结构分析

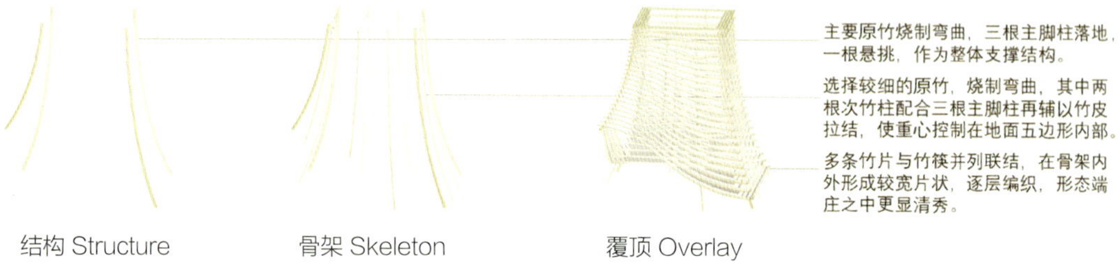

表皮编织

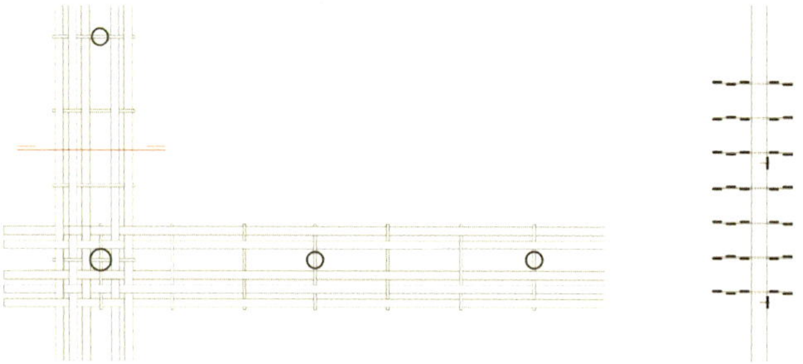

表皮选用 3cm 宽的轻薄竹片，以 2∶3 的关系在骨架内外交错编织，由下往上，由密变疏，光影变化丰富。竹肉质软，在每相邻圆柱上的竹筷之间穿插加密 2 根，在两边交汇处以十字编织作为末端收尾，每层表皮形成稳固整体。共计使用 540 片竹篾、846 根竹筷。

相邻圆柱之间的竹筷穿插加密 2 根，保持竹皮稳定。

两边交汇处以十字编织作为固定。

保留了每层编织延伸出的竹篾，构筑展现出更加自由不羁的生命力。

视线分析

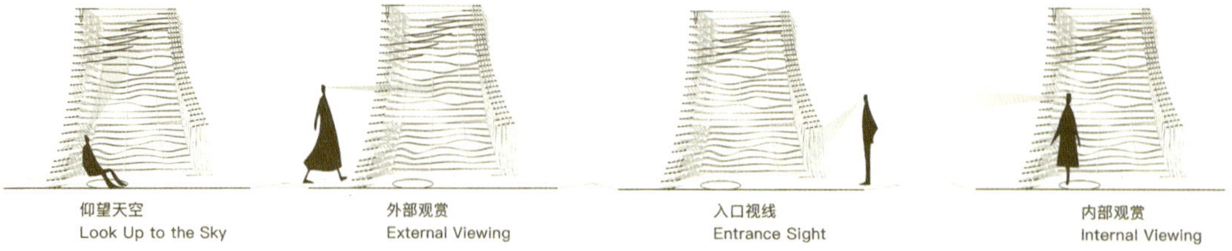

"隐亭"具有丰富而神秘的景观视线，翘起的一角给外部观赏者一种"犹抱琵琶半遮面"之感，既可通过竹片的缝隙窥探内部空间，又可置身其中抬头仰望星空。由于缝隙的宽窄变化，不同的观赏者可以看到不同的景色。

关于形态：让建筑说话

对于构筑最终的形态，我们并没有特意指定，或许是巢，或许是塔，或许是风铃……见仁见智，每个到访者赋予它的不同生命便是“隐亭”的意义所在，也是生活的意义所在。

景从境出

在花园的意境营造上，为凸显“隐亭”的神秘与野趣，避免外来视线的一览无余，我们采用高大的景观草作为视线的遮挡，并进一步围合，引导出蜿蜒的路径空间：由纤序芒下光影绰约的入口，踏上白石子和碎竹片铺就的地面，在寻觅的路上悄然坠入蓝花鼠尾草的烂漫花镜。玲珑芒如繁星闪烁，迎来了最后一个拐角，慢慢地，视野逐渐由窄至旷；抬头回望，已站在掀起的一角之下，来到最后的沉思空间。

构筑后的玲珑芒随风摆动。

狼尾草入口掩映，白石子、碎竹片铺地。

蓝花鼠尾草与玲珑芒花镜。

隐亭杂谈

“隐亭”的营建循传统之形制，传承传统园林之精神，却并不像传统园林建筑那样依山傍水。我们以城市肌理为依托，将传统材料与现代思潮相结合，用现代的设计语言诠释当代的风景建筑，营造出一个让人们可以有更多活动、更多遐思，更加积极、主动贴近自然的“城市山林”。

于隐亭，你可以冥想、问道、聆听、仰望和嬉戏，尽情感受它与自然交织的神秘。

俯仰之间。

心若有桃花源，处处是水云间。城市喧嚣，你是否愿意在隐亭，停下匆匆脚步……

别有洞天

A World All Its Own

感，四时之变；观，云卷云舒

——秘境花园

获奖情况：竞赛组二等奖
设计方：北京林业大学
项目设计 & 完成年份：2020
指导教师：段威 郝培尧
参赛学生：杨薪煜 李雪 蒋紫莹 何立飞 陈鲁 李曾莲 唐丰芸
协作单位：成都市文化公园
协作人员：郭庆 张峰 朱智仁

拍照

蒋光丛 摄

别有洞天

“别有洞天”这个方案在最初确定之前，我组成员在参考和阅读了大量文献之后得到了几个基本雏形。接着，在指导老师段威的建议下，我们在众多建筑雏形中选择了陈鲁同学的极小曲面方案；在郝培尧老师的指导下，我们将中国传统园林中的太湖石与极小曲面方案进行了有机融合。最后经过一系列的方案深化，我们大致敲定了方案模型：以原竹为龙骨的覆面编织造型。

为了验证方案的可行性与观赏性，蒋紫莹同学通过 3D 打印制作了第一版模型，李雪同学通过激光制版制作了第二版模型。模型通过一级、二级龙骨搭建以及覆面编织竹篾的工艺，基本搭建完成，这个模型的制作也为之后的实际建造奠定了非常重要的基础。

对于这个方案的评选，我们早已胸有成竹，但是由于新冠肺炎疫情的原因，实地搭建的计划搁浅了。当我们得知北林国际花园建造节要在成都市进行时，我们组的成员都感到异常兴奋，段威老师和李雪同学立即进行了施工图的绘制，并和竹材加工厂进行了积极沟通。在获得方案评选第一名的成绩之后，对于自己作品可以落地成都，我们感到十分幸运。

10 月 18 日，我们全组成员到达了美丽的天府之国——成都，开启了在公园城市内造花园的奇妙旅程。这是我第一次来到成都，第二天我便喜欢上了这个让人节奏放慢，与自然融为一体的自然山林式的环境。

在正式搭建的前一天，我们去桂溪生态公园确定搭建场地之后，领取了作品的竹材加工件。在对加工件进行核查的时候，我们不由地对材料加工方发出赞叹——所有竹材基本按照施工图加工，精度极高。

模型搭建的第一天，我们就遇到了一个大难题：两条主龙骨之间的搭接出现问题。在和段威老师、现场施工员反复商讨之后，我们选择先做出斜切口进行卡口切割，再用螺栓固定的方法连接，在确定施工细节后，我们经过一次切口试验，认为这种加工细节的可行性较强，于是主龙骨的搭接得以顺利进行。

第一天的搭建基本完成了一级主龙骨的制作，第二天便开始了二级主龙骨的搭接和覆面编织的工序。在背景一半山林一半城市的云卷云舒之间，我们木色的构筑物不断变得完整。终于在日落余晖中，完成了二级龙骨的固定和覆面竹篾的第一道编织。

第三天，我们全体组员都参与到了覆面编织的过程中，在一整天的时间里，将覆面完整地制作完成，最后用麻绳捆扎的方法将龙骨连接处进行了包裹处理。在最后半天里，我们按照制定好的植物配置方案进行铺设，这个作品也终于完成！

在三天半的时间里，我们完成了任务，也解决了一系列的难题：龙骨连接处的开槽、主次龙骨无法稳定单独起架、覆面编织的手法工艺、麻绳捆扎的方法技巧……我们甚至学会了脚手架的拆卸组装，这是我们在学校接触不到的宝贵施工经验。

作为园林人，最有成就感的事情莫过于自己的设计落地建成。“别有洞天”这个作品的落成就是我们 2020 年最大的成就。“推窗见绿，出门见园”是公园城市中居民的最好生活状态。这种全新的城市发展模式是一个几年后将在成都找到答案的发展模式，这次竞赛不仅赋予我们满满的参与感，也赋予我们建设美丽人居环境的使命。

设计构思

空间多变的江南园林在极为有限的空间内创造出丰富的意境，使人产生无限的遐想，极具神秘色彩，尤其是其中变化丰富、极具美感的太湖石。本设计结合太湖石“瘦、皱、漏、透”的经典审美范式，从其岩石生成节理上，探寻自然最小曲面生成的美学共鸣以及经典审美的内在思考。利用参数化设计手段、标准单元模数，将数学中的Gyroid minimal surface作为设计原型，精确“模拟”了太湖石的空间形态。将东方的赏石文化和西方的形式科学相融合，最终营造出“别有洞天”的秘境花园。

参数化

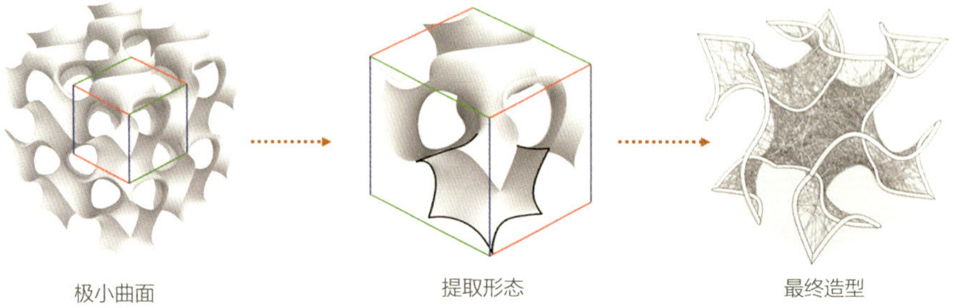

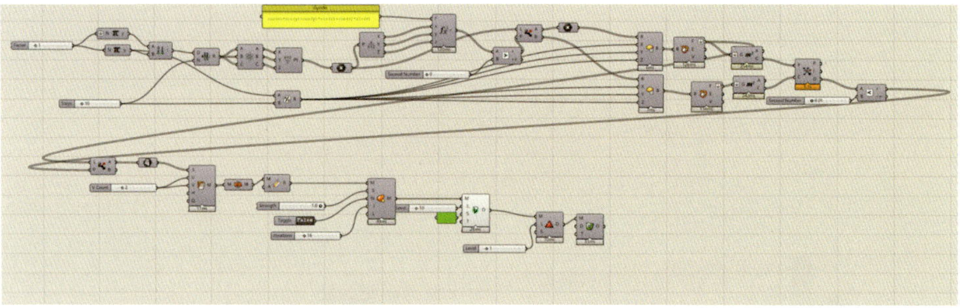

拓扑分析

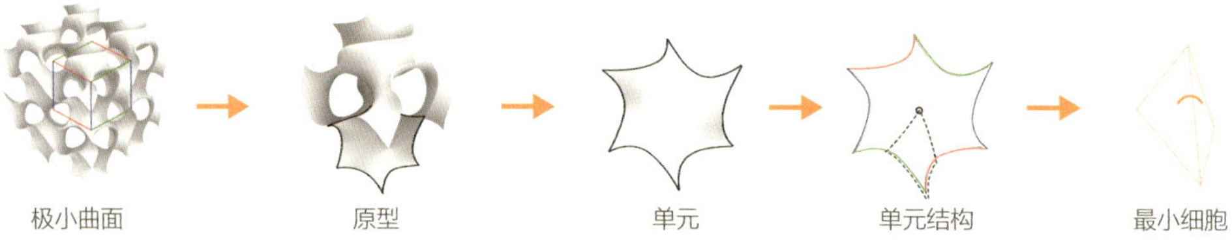

骨架分析

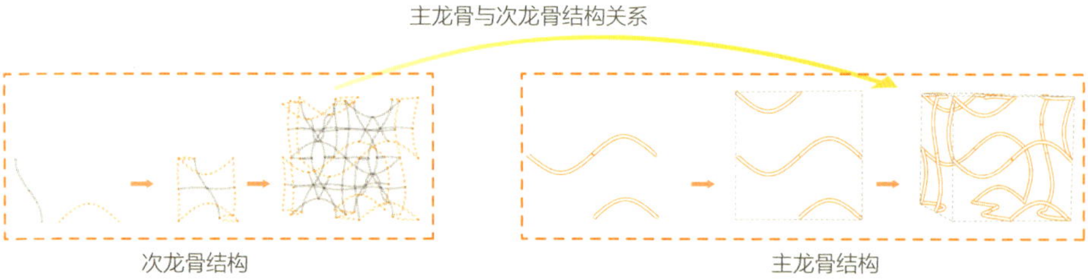

手工模型

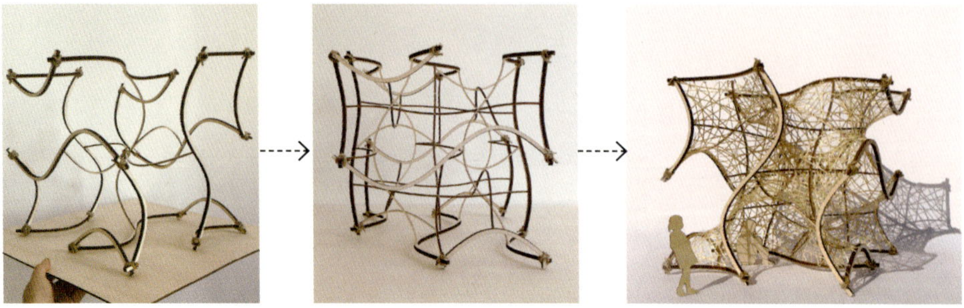

关于形态

北宋文人米芾总结了太湖石的特点后，提出的“相石法”可概括为“秀”“瘦”“透”“皱”。清代文人李渔将米芾的“相石法”归纳为“瘦”“透”“漏”三字。基于古人的相石法，我们以“瘦、透、漏、皱”作为设计的指导要点，模拟太湖石的孔洞空间，组织人们的视角和流线，营造丰富的空间体验。

“瘦”：构筑轮廓形成曲线美，形体比例符合黄金分割率，形瘦神满，丰而不肿，骨气傲然。

“透”：太湖石中的“透”有孔洞多少的要求，多孔多姿，玲珑剔透，给人以视觉冲击力和美感。

“漏”：原意是指孔隙，在赏石上要求石体竖面孔要多、隙要大，纵横交错，孔隙相通，一窍焚香，孔孔出烟，香云环抱，恋石不去。

“皱”：在赏石上指石体层叠交错、沟沟壑壑而形成的皱褶。造型弧线、弧度自然，不间断，与石体落座的角度要顺势，不可杂乱无章。

关于空间营造与覆面编织

使用竹条在主次龙骨之间随机编织制成覆面，使形成的曲面既互相对立，又互相围合。随机的编织方式使不同空间呈现出朦胧的氛围。弯腰从入口进入后，可到达一个稍大的地面空间，空间内可以容纳三四个人坐卧，中间的通高空间，刚好容纳一人站立。构筑既可供儿童穿梭，也可以供成人休息。

主次龙骨与覆面竹编形成的孔洞，可与周围环境形成透景与框景，整体空间变幻莫测，趣味横生。

关于搭建细节

两种尺寸的主龙骨与三种尺寸的次龙骨搭接形成基本的框架结构，主龙骨搭接完成构筑的基本造型，且可以保持稳定，次龙骨相互拉结，既增强整个构筑的稳定性，又为覆面编织提供了曲面限制。主次龙骨之间采用绳结固定，在保证牢固的情况下，通过设计绳结绑扎方法，增强美感。

主龙骨搭接

绳结固定

覆面编织

关于植物

整体植物选择中国传统植物，以较为高大的淡竹和芦苇作为竹构主体的背景修饰植物，可与竹构主体造型的两个主要孔洞形成框景景观。中间层的植物主要由以狼尾草为主的观赏草和以火炬花、绣球为主的草花进行搭配，使整体环境活泼且不失严肃。最后选用矶根做点苔，选用苔草做底层植物，营造水流的柔软造型，使得太湖石的立意更加深远。

夜晚的别有洞天

夕阳西下，余晖和竹构都是橙黄色，仿佛即将融为一体。等到日落月升，躺在竹构中，看到弧形的竹编覆面圈起来的繁星点点，仿佛进入了一个未知的世界。

莫比乌斯

Mobius Band

谁知闲凭阑干处，芳草斜晖。
水远烟微。一点沧洲白鹭飞。

获奖情况：竞赛组三等奖
设计方：北京建筑大学
项目设计 & 完成年份：2020
指导教师：李梦一欣 张振威
参赛学生：韩希元 贾雨薇 刘丹帅 陈肇晖 刘雨杉
协作单位：成都市湿地保护中心
协作人员：刘皿 阮毅 谭颖 熊美

飞蓬

千鳥花

城市森林，绽放于呼吸之间

公园城市是近几年颇受关注的概念，而成都是最早提出建设“公园城市”的地方，这样的理念在成都产生似乎也绝非偶然。

放眼中国的各大城市，可以用公园来象征一座城市的似乎只有成都了。这里有诸葛亮的武侯祠、杜甫的浣花溪草堂、薛涛的望江楼公园，还有广义上也可以算作公园的大熊猫繁育基地。公园之多与成都“天府之国”的美誉相互陪衬。若说颐和园、圆明园或北海是北京当之无愧的代表，但终究是古典皇家园林“下沉”成了公园。若说苏州的拙政园、留园、沧浪亭、狮子林等，是自家园林的一家主业“上升”成了公园。同时，成都广为人知的悠然闲适的城市性格也与公园颇为契合。如今，我们终于有机会亲身感受“公园城市”的理念，体验有着“神仙日子，成都圈子”美誉的全新生活方式的天府绿道。它不仅为成都留下蜿蜒的绿色长廊，更让拥挤的都市放慢脚步，去体味时光留下的涟漪。

我们的“秘境花园”位于别有一番风致和韵味的桂溪生态公园——开围透景并与城市相融的一座公园。公园的草坪延伸到人行道边上，走在城市的道路上，视野变得非常开阔，虽已至深秋，但“通野望来犹荏苒”。成都气候润泽，漫步于微湿的街道上，这时轻风带着青草的芬芳裹挟着泥土的气息迎面扑来，有那么一刻，我们甚至有些分不清自己究竟身处何处了。

桂溪生态公园规模很大，可以为人们提供相当舒适的游憩体验。经过几天的观察之后，我们发现富于生气是公园更为可贵的地方。在桂溪生态公园里，总能够看到人的。我们搭建的位置正好临近园路，一天中不论何时都有游人穿过，或驻足观看，或拍照留念。那些漫步在公园中的人们脸上洋溢的笑容让我们真切地感受到了他们的幸福和满足，“我希望于繁华尽处，寻一抹静谧，泛舟湖上，家人陪伴，唱歌会友。来吧，于绿野间、阳光下创造美好，治愈青春”，人们的美好在简单中悄然绽放着。

除了有人带来的活力之外，活动带给公园的生机更为珍贵。我们的搭建场地在一片面向湖水的缓坡草坪之上。经过几天的搭建，空旷的草坪上“长”出了十几个形态各异的竹构小品，成了公园的一部分，尽显天府花园魅力。搭建的最后一晚，斜阳浅照，阳光缱绻而缠绵，“只见一泓寒水映着已哺将暮的天色，那色调像珍珠背光的一面”，映衬着我们的构筑，这旖旎的图景在我们的心中荡起了涟漪。在我们搭建的同时，规模更大的布置工程同时开始，最后整片滨水草地都铺上了花卉，其间还有一些小品和花径。我们旁边的区域被安排成为市集。搭建结束后的颁奖典礼同时也是公园城市 2020 时尚生活展的开幕仪式。花园节把平日安静的草坪变成了热闹的会场，公园顿时变成了一个舞台，而这些开放式的活动和设计赋予了公园以更多的可能，让公园“乐亦无穷也”。我们的竹构建筑在公园中显得充满了魅力，引几多思绪，关于竹、建筑、生活、精神……

这次难忘的花园建造节让我们感受到“公园城市”不单是规划愿景中绿环和绿链的美好设想，也是现实中可以被觉察到的鲜活的存在。不同于“园林城市”或“花园城市”的静美，“公园城市”意味着更多人的参与，更接地气，它给了我们一个“和每一棵树对话，和每一株草私语”的契机。这样，公园就会像欣欣向荣的植物一样朝气蓬勃生机焕发，“公园城市”就有了呼吸和心跳，跃出纸面成了现实。我们的身影也停在其间，以秋的名义被郑重收藏。

设计构思

设计源于拥抱这种最能表达人类情感的互动方式，并由此衍生出类似于莫比乌斯环的连续性设计形式。作为一个整体，循环的网状编织肌理在视觉和空间上无限延展，它将外部环境向内部空间引导，由外而内，自下而上，最终再次流转至外部环境，再现了静谧氛围下紧密环抱的空间感受。半透光的竹篾表皮与内部空间和谐统一。在其最中心，横向外部编织在空间上流动成纵向的核心筒，自然光线得以削弱和虚化，交叠的光与影相互缠绵，形成了柔和惬意的内部空间。目光徜徉其间，在洒下的天光中，感悟真我。 内与外联结悠扬，光与影轻盈缥缈，“秘境”便在这之间诞生了。

形态生成

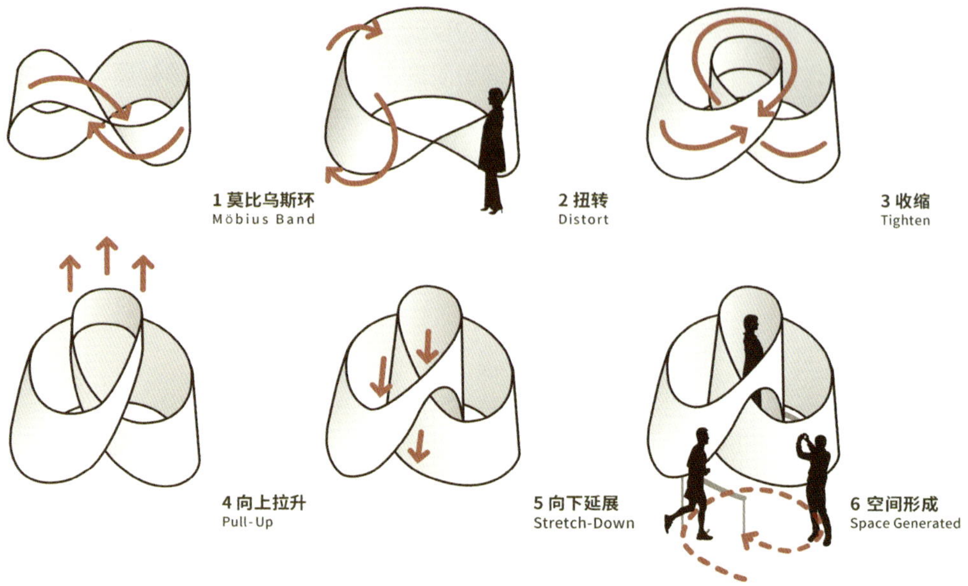
1 莫比乌斯环
Möbius Band
2 扭转
Distort
3 收缩
Tighten
4 向上拉升
Pull-Up
5 向下延展
Stretch-Down
6 空间形成
Space Generated

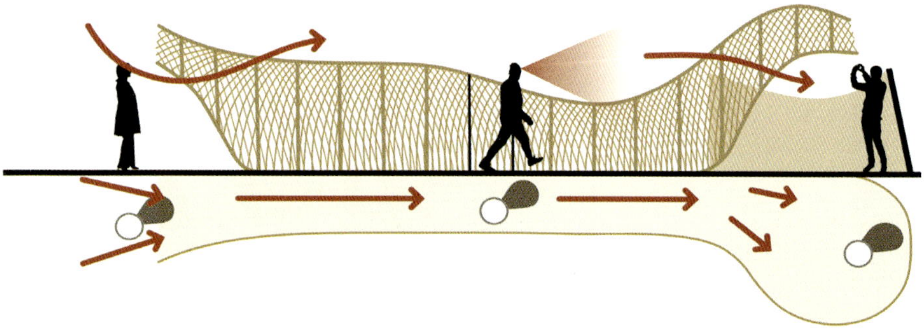

搭建过程

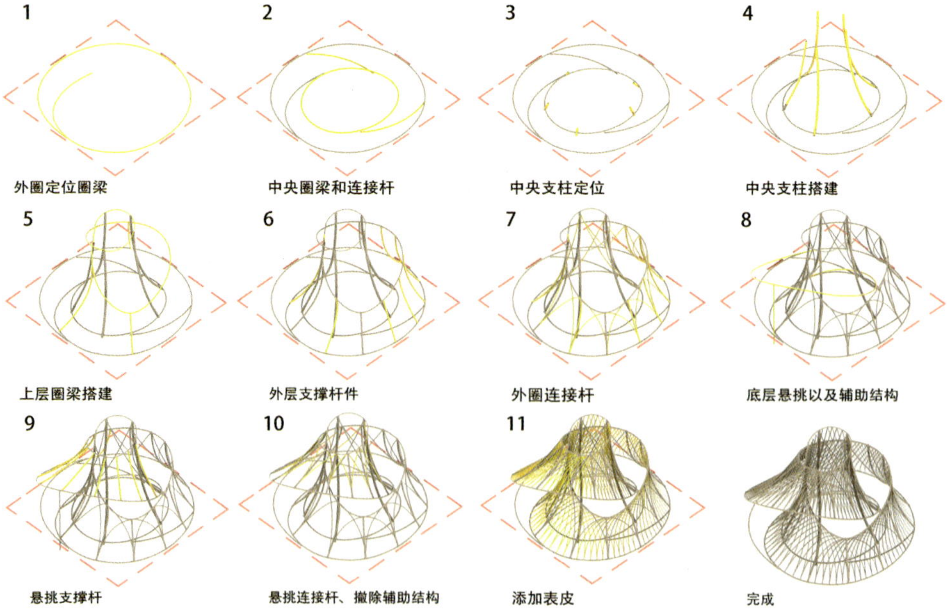
1
外圈定位圈梁
2
中央圈梁和连接杆
3
中央支柱定位
4
中央支柱搭建
5
上层圈梁搭建
6
外层支撑杆件
7
外圈连接杆
8
底层悬挑以及辅助结构
9
悬挑支撑杆
10
悬挑连接杆、撤除辅助结构
11
添加表皮
完成

关于空间

类似莫比乌斯环的形态就像拥抱时人与人双臂的交叠。这种最能体现人类情感的互动方式，表达了生活在喧嚣城市中的人们希望有一处秘境，可以进入其中给身边爱的人一个拥抱。

通过提取出莫比乌斯环的原型进行扭曲和叠加，从而形成一个由连续的面围出两个环形的形式，塑造了内、中、外三重空间。

"流"——编织肌理缓缓流动，内部空间曲折萦回，神秘寄寓于秩序中，最终构成了舞动而自由的花园。

"转"——视线随螺旋状的通道游移，在表皮流动的下凹处，体悟外界的精彩。

"禅"——花园寄寓了这种情感，摹写了自然山水的萦绕，营造了方寸间的静定。

"趣"——白天，日光从花园上方倾泻而下，形成柔和而多样的阴影变化；夜晚，人们可以徜徉在月色中仰望星空。

“莫比乌斯”的观与游

轻盈掀起的竹构表皮，邀请人们走进小花园。

步入其中，日光下彻，游人顺着通道缓缓向前，感受着光与影的婆娑和缠绵。

竹构表皮伴随着形式穿梭，带动空间的舒张与藏露。

沿内部的走道环绕一周，即可感受到连续而交错的形式所带来的独特空间魅力。

“莫比乌斯”用扬起的入口，向人们发出邀请。整座花园背靠湖水，凭栏远眺，“芳草斜晖”之景近在眼前。

关于搭建细节

为了保证基座结构的牢固，我们连接两层圆形底座，使其相对固定，不易变形。为了使上层曲梁更加牢固，我们使用 X 形斜撑对底柱进行固定，使基础结构简洁稳固，并将底柱的上部切卡槽使其能更稳定地支撑曲梁。编织部分的整体位于结构柱的内部，并依据表面曲度进行贴合，编织疏密有致，最终形成了一个优美的曲面。

小品结构节点与编织细节展示图

关于植物

以粉黛乱子草、纤序芒等观赏草为主要背景植物，烘托秘密花园的基调氛围。以狐尾天门冬点缀飞蓬、以千鸟花作为中景连接入口到构筑物之间的过渡空间；在中心的停留空间处，由鼠尾草、芒草、风车茉莉、飞蓬、佛甲草等组合营造出层次丰富、具有禅意的植配效果，搭配竹筒座椅，围合出和谐的内部休憩空间；在构筑物临湖的一面，主要以粉黛乱子草、芒草等作为背景，使走进构筑物的游人通过构筑物以及植物看到外面若隐若现的湖色。

蒋光丛 摄

未知

The Unknown

多义的、变化的、永恒的

—— 未知的秘境

获奖情况：竞赛组三等奖
设计方：华南理工大学
项目设计 & 完成年份：2020
指导教师：谢纯
参赛学生：黄海琪、徐琦、何静、马晓旭、杨扬、潘麒羽、梁杰麟、刘宇嘉
协作单位：成都市绿化工程三队
协作人员：段敏丰 钟新树 何瑜

汤宏伟 摄

公园城市中的“未知”秘境

谈及秘境，我们会想到不同的场景。大海、森林、洞穴、梦境，不胜枚举。最后，我们小组成员达成了共识：关于秘境，人们有不同的想象。所以，秘境是多义的。

就像《海边的卡夫卡》中的那片迷失森林，或是《三体》中罗辑幡然醒悟时掉落的那片湖，秘境存在于心底深处，不同人有不同定义，没有唯一解。秘境也是变化的，它极其神秘，如雾里看花，且随着我们自身的改变而改变。因此，秘境是永恒的未知，它因想象不同而不同。

所以，“未知”这一概念就成为我们解读“秘境”的关键词，而如何实现秘境的“未知”，我们经过了多种方案的多次取舍。

第一步，在单体形态建构中，我们用纯粹的形体赋以丰富的想象。具象的形体不是未知，于是我们提取出“原子”这一化学反应中不可再分的最小粒子作为单体，象征着原初存在。

在实际建构过程中，每个球体单独编织，先以十字编织法压三挑三固定底部，再用二绞丝编织法形成波浪纹，最终再以十字编织法收口封顶。半径 5mm 的龙骨与 3mm 的竹篾之间均捆扎加固，接地的球体底部由钢构件加固，保证稳定性。不同纹理的球体是多义的，观者可能认为是灯，可能是笼，因此便符合了单体未知。

第二步，在空间生成中，我们以有序的组织催生无序的空间。一个球体为一个结构单体，两两球体之间捆扎连接成列。再设定矩阵：将构筑物划分为 9 个 1m×1m×3m 的内部空间，并依据矩阵布置固定球柱，从而建立有序的组织。再引导空间变化：固定球柱之间根据数独规律置入可移动球体，可移动球体与固定球体之间通过 S 形挂钩咬合，我们可自由移动使其挂置在其他球体边。然后，我们通过自然野态草本营造荒原感，通过蓝紫色系植物烘托神秘感。植物选择兼顾主题氛围与季相色彩，从矾根到芒草，30~150cm 不同株高丰富了底层与中层视景空间。底层铺装则选用黑白卵石以求纯粹。通过结构、秩序、变化、氛围、色彩五个方面的塑造，未知的秘境基本形成。于是，便实现了组合未知。

第三步，个体的想象催生空间的演变，而空间的演变将带来不断的遐想。未知的组合将创造无数的可能世界。变化的结果就是前一位造境人心中的想象，改变了下一位入境人身处的空间，于是便实现了相遇未知。单体未知、组合未知、相遇未知。最终，便是秘境永恒的未知。当置身于构筑之中，我们便如同置身于一个个神秘的未知世界里，你可以选择俯身把玩，可以选择矗立观望，甚至改变球的位置。

我们认为，秘境的真谛在于它能带来的期待与想象，在于那多义的、变化的、永恒的未知。这是我们的出发点，也是一以贯之的思路。在实现概念的设计过程中我们有过非常矛盾的时刻，用一个具象的形体去表现抽象的未知，听起来就具有悖论性，不过我们还是尝试了，即塑造一个并不具体“像”什么的形体，“像”什么完全由观者自行解读。

在实际搭建过程中，我们小组和其他小组十分不同。由于竹构是由上百个单体小球和大框架组成的，因此，我们花了 1 天的时间在坡地上找平、挖方、搭建起竖直构架；又花了 1 个白天和 2 个晚上的时间编织出所有单体球。工作量是很大的，但是当用灯光照亮单体球的时候，我们觉得这就是我们想象中的样子。

非常感谢指导老师、学校、组委会的支持以及成都市绿化工程三队的帮助，给了我们一个实现自己心中秘境的机会。就像电影《Soul》中的经典语录“find your spark”，我们也希望每个走进我们作品里的人都能找到自己心中独一无二但未知的秘境。

设计构思

世间万物均由原子构成。方案中，我们选择用抽象的球体作为组成世界的单元，并通过球面丰富的形态变化赋予球体更多元的含义。当你置身于构筑之中，如同穿梭在一个个神秘的未知世界里，你可以选择俯身把玩，可以选择矗立观望，甚至你可以改变球体的位置，创造新的世界……它或是黑夜中明亮的灯群，或是漫天繁星，或是翻腾的海洋，每个球体、每个空间都因你我想象的不同而生出丰富的形象。你我穿梭其中，你永远不知道我为你留下的是何样世界。

我们笃信，秘境的真谛在于永恒的未知，以及它所带来的期待与想象。

设计灵感

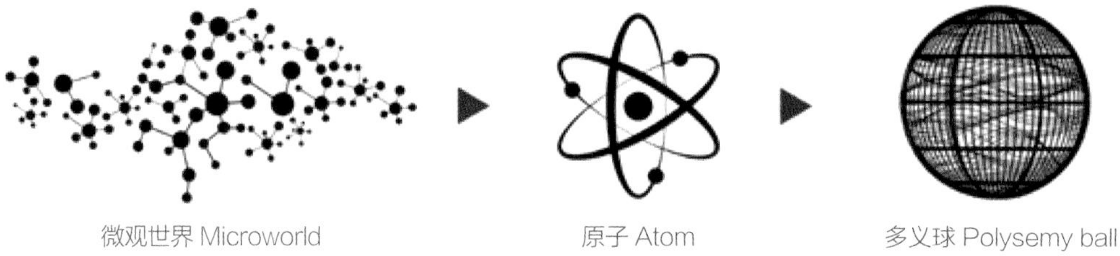

微观世界 Microworld
原子 Atom
多义球 Polysemy ball

形态生成

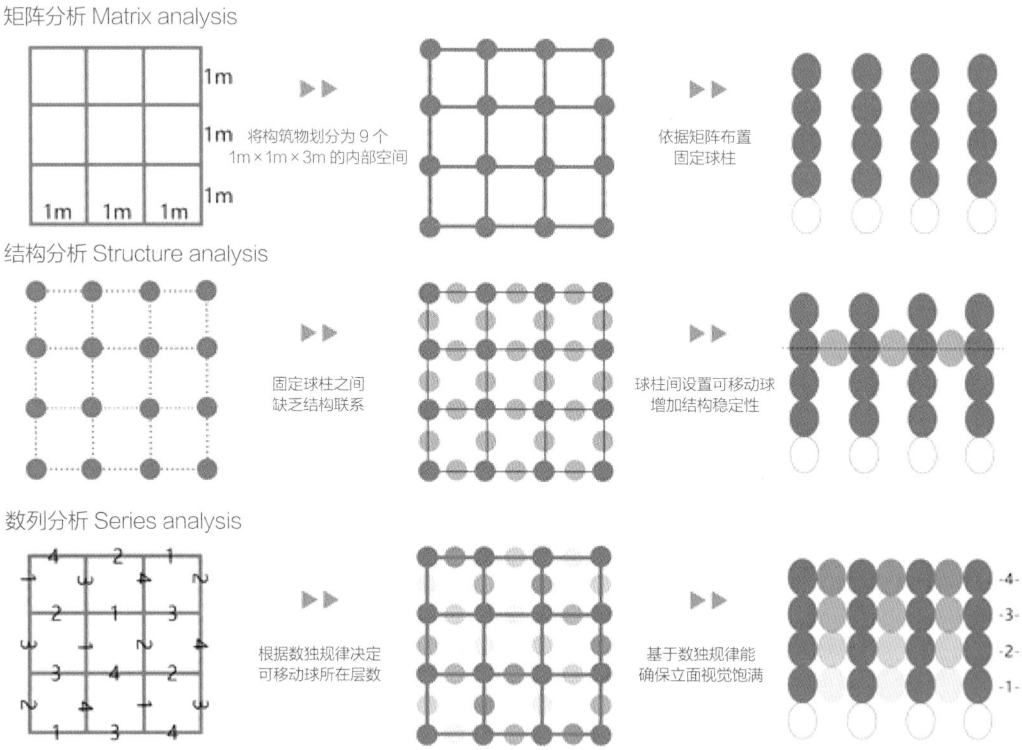

矩阵分析 Matrix analysis
1m
1m
1m
1m 1m 1m
将构筑物划分为 9 个
1m × 1m × 3m 的内部空间
依据矩阵布置
固定球柱
结构分析 Structure analysis
固定球柱之间
缺乏结构联系
球柱间设置可移动球
增加结构稳定性
数列分析 Series analysis
根据数独规律决定
可移动球所在层数
基于数独规律能
确保立面视觉饱满
-4-
-3-
-2-
-1-

关于空间

秘境的多义，以单体的变化、空间的变化以及想象的变化为载体。外部观之井然有序，似无空间变化；入境之后方知空间的变化源于手动改变球体的位置，入境者可自己创造和改变原有空间，从而实现隐境——现境——易境。

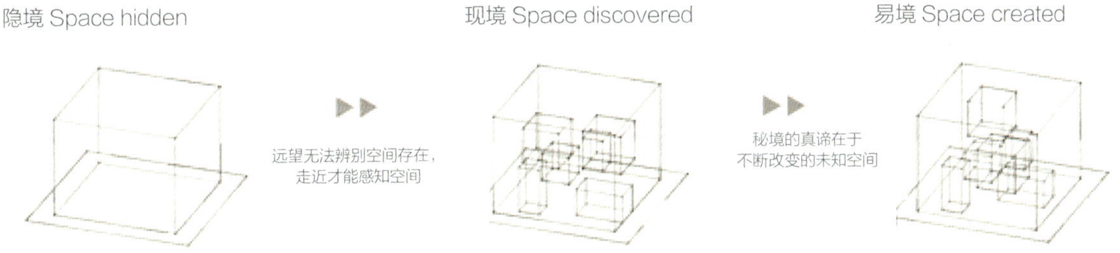

以单体、空间和想象回应未知

1. 用纯粹的形体赋以丰富的想象：以原子为起点，以球体为媒介。

2. 以有序的组织催生无序的空间：以竹竿网格建立秩序骨架，以可变球体创造变化。

3. 个体的想象催生空间的演变，空间的演变带来不断的遐想：球体是多义的，入境人的感受是多义的。秘境本就是多义的。

关于植物和铺装

通过自然野态草本营造荒原感，通过蓝紫色系植物烘托神秘感。植物选择兼顾主题氛围与季相色彩，从矾根到芒草，30~150cm 不同株高丰富了底层与中层视景空间。底层铺装则选用黑白卵石以求纯粹。

关于搭建细节

在实际搭建过程中，我们下挖 37~43cm 土方以铺设底层竹竿网格基础，再将 16 根竹竿与基础节点捆扎并回填土，从而在坡地中竖立起基本骨架；再将固定球体串联成矩阵，形成秩序；可移动球体用细麻绳悬于骨架，创造变化；可移动球体之上悬挂小铜铃，风吹或手摇球体时铃响成趣。

悬镜

The Mystery of Wonderland

一庭乡风对棋坐，三径野露竹阴清

——清逸的秘境

获奖情况：竞赛组三等奖
设计方：山东建筑大学
项目设计 & 完成年份：2020
指导教师：李学东 宋凤
参赛学生：苗行健 庞国航 孙姿旋 王炜 姚海啸 刘子墨 王宇鹏
协作单位：成都市草堂花圃
协作人员：袁旭 姜秋吉 杨溢 周一琴

张勇 摄

秘境何处

花鸟和风回平野，草虫冷露入断山

来成都的那天是阴天，气温倒也不低，只是总觉得裹了一身水气。高铁过来，一天颠簸，安顿了行李便想着来场地一窥。以前也做过成都锦城绿道的线上调研，如今终于有机会亲临，师生一行九人围着桂溪好一顿闲逛。

我们虽是学风景园林的本科学生，但毕竟是初入学科的门，还没有设计过生态公园。印象比较深刻的是在山憩区，一条蜿蜒道路直入谷底，两面挡土墙渐有人高，继而换了玻璃相隔，才发现自己竟置身"湖底"。原来湿地下面是这样的生根，这路走的竟是山水之姿，是真正的生态两字了，却也不乏新材料的触感。

这便正是桂溪的触感，踩在脚下的是现代生态技术，望进眼里的却是几千年的山水概念。最重要的是并不把人从这套山水里剥离，反倒是用新材料新技术让彼此进一步接触、互生互利。

一亭有竹花荫浅，三径莫侵草色深

通过前一天的踩点，我们了解了场地分配的情况，由于原方案对地面平整的要求难以实现，因此当天晚上我们就对方案进行了调整，讨论的结果还是要先做找平工作。

本着尽量少地破坏草地的原则，我们决定打桩、垫层、找平，几个改了一晚上方案的人第二天一早便背着电脑、拎着工具来了。平时我们在学校里侧重于接受理论教育，这样实地施工和解决场地问题确实是少有的。我们当时找平的方法是用水，看着手里的细管子终于排出了气泡，几个人相互协作，手上画出了两天后将在此处立起来的构筑物底线，脑子里想着很久不用了的连通器知识，这种感觉还是很奇妙的。虽然有面临未能预料问题的紧张，却也真的在亲自动手解决问题的过程中收获了满足。

我们几个参与前期方案设计和施工图纸绘制的同学都来参加了这次建造工作。我们的构筑物内弧外方，形式上是一个方亭，这也是设计对施工场地有平整要求的原因。设计点在于秘境，秘境花园未必是隔世之姿，亦象征寻秘境之秘境，或说通秘境之法门，恰如庄周晓梦之梦。秘境纵永远可望而不可即，却可"因借"又应"体宜"。因为景之所取在于人的感受，所以在景与我、彼处与此处、当时与现在的对立统一中，秘境终有了可寻之处。它们在半隐的云山上、在别有的洞天里、在居望游行的画中、在无尽循环的孤境里，秘境就在窗外，在每个人心里。所以我们的设计从无尽出发，又回归于人。方案名为"悬镜"，构筑物中心对称，喻一切皆为镜像，设天境、地境、此境、彼境，也为削弱重力之作用，故有"悬"之名。

我们在学校做设计，大多是纸上谈兵，如今亲临施工现场，大有秀才握刀之意。我们这才明白，任何设计要落地都是这样一步一步来的，基底更是要做好。第三天果然进度非凡，我们早早地完成了收尾工作。

翠帘绽雨清凉月，丹帐侵霜料峭天

我们最后的成绩不是最好的，但大家并不在意。来此一趟，良辰美景佳人，各大高校之间互相帮助，凑在一起吃饭时笑谈往来鸿儒。湿地公园生态为先，随老师实地学习别有一番风味，而我们终于也第一次参与了自己设计方案的施工，实在是收获良多。

成都的这几日实在是丰富，朝乾夕惕，身体力行，穿梭于美景与美食之间，摆脱了手机网络，终于恍然，原来我们已经走了一趟真正的秘境。

设计构思

拱弧，以作门之象征，寓意通往秘境的通道，上下相应喻天境地境，仿佛此身此世与仙境朦胧。竹直而列与竹弧而错形成对比，其间错落镜像，时、空交于一处，自成沙漏状，静默时间之流。界，若竹中秘境，缥缈相隔。

设计灵感

时间
镜像
斗拱
悬鱼
拱券
方圆

形态生成

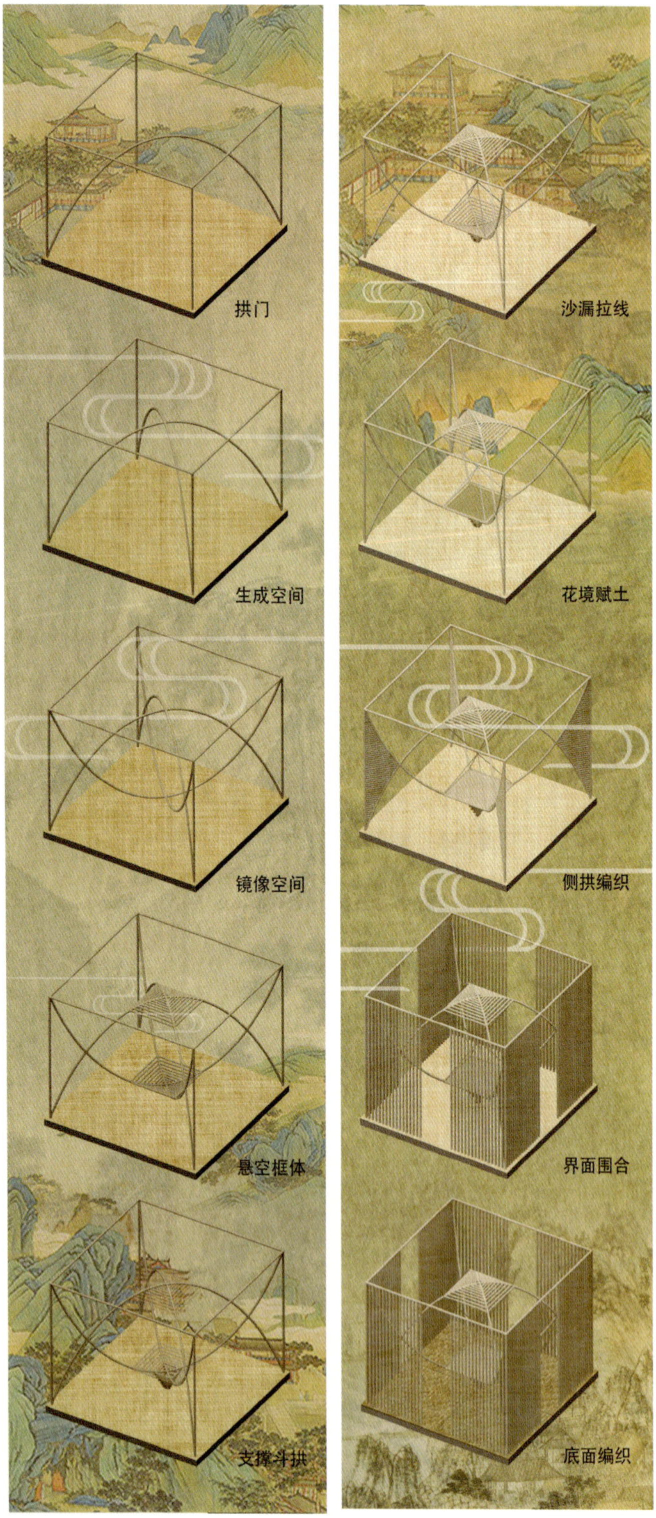

拱门
生成空间
镜像空间
悬空框体
支撑斗拱
沙漏拉线
花境赋土
侧拱编织
界面围合
底面编织

立意提取

设计点在于秘境，秘境花园未必是隔世之姿，亦象征寻秘境之秘境，或说通秘境之法门，恰如庄周晓梦之梦。秘境纵永远可望而不可即，却可“因借”又应“体宜”，因为景之所取在于人的感受，在每个人心里。所以我们的设计从无尽出发又回归于人。方案名“悬镜”，构筑物中心对称，喻一切皆为镜像，设天境、地境、此境、彼境，也为削弱重力之作用，故有“悬”之名。

“归”
——后其览者不知身之何世，惟觅之乎斯文。

“环”
——蔚然而深秀，渐闻水声潺潺。

“顾”
——路转身回，盈盈然野芳发隙中。

“窥”
——列竹之意不在界，在乎天地神我也。

"镜"的体现

秘境亦为心境，出世入世本无界，鱼之乐怏然自得，框架相引，渐入佳境。边无所界，故以竹编蒙之，取其虚无缥缈之境。席地而坐，俯仰天地，若庄生晓梦忘却时空，不知何时何地，不知今夕何夕。

两种不同的编织面为竹构带来虚实变换的效果；三个小花园的高度各不相同，犹如泛起的水波。

关于搭建细节

为了保证基础的水平，我们顺应地形制作楔形结构，将底梁与龙骨置于结构之上，外框架围合并与立柱结合，立柱之后再依次进行拱的搭接与竹障的搭接，最后将上梁与竹障进行拼接。

通过拱的交错，形成沙漏，反复缥缈，不知何为上、何为下。

关于植物

本次秘境花园的植物配置以宿根花卉为主，主要选择了颜色素雅的竖向植物。选择植物时，植物的风格与设计主题相结合，竖向的形态更是与竖向竹竿立面相呼应；将颜色相对艳丽的蜜糖草作为点景植物加以突出，从而达到吸引游人、引导视线的作用；每个区域都包含三种以上植物，增加了空间的层次。

龚全意 摄

觅羽

Feather in Bamboo

秘境如梦，觅竹如丝；
丝如细羽，羽翼如飞。

获奖情况：竞赛组三等奖
设计方：上海交通大学
项目设计 & 完成年份：2020
指导教师：陈霆 张洋 于冰沁
参赛学生：崔自佳 陈宇钢 张恩嘉 曹一丹 吴佳远 赖佳妮 汤颖慧 杨清枫
协作单位：成都市公园城市园林绿化事业发展中心
协作人员：付勇 游绍力 金兴钰 张海凌 张和月

王晓龙 摄

秘境花园 觅羽寻幽

对于学生们而言，平时主要的学习都是基于图纸的。这次比赛对于学生了解项目施工的过程而言是一次十分宝贵的经历。作品作为整个场地中唯一的腾空架空，相较于整体接地的作品而言，大大增加了建造难度。整个作品的支点较少、体量较大，如何确保其稳定是一大挑战。另外，由于使用的加工竹材需要事先烧制完成，整体烤制程度完全需要人工控制，因此最终获得的材料与图纸之间会或多或少存在一定的偏差，这也导致了最终的架构形态会存在较多的不确定性。在双重困难之下，我们的作品在一开始就成了主材提供方最为担心无法实际建成的作品。但是，团队成员迎难而上，积极寻求合理的解决方式，克服难处，最终完成了作品的构建。

——指导教师（陈霆、张洋、于冰沁）

1. 概念之初

设计团队成员的专业背景多样性带给了“觅羽”概念构思多样性的设计可能。团队在设计构思之初便产生了很多跨学科的碰撞性火花。因此，如何体现出建构景观一体化，呈现的秘境设计理念，是团队从概念初期到建成落地过程中反复思考研讨的重点内容。

2. 结构之巧

从概念效果图到建造实体构筑物落地的过程，每位同学都期待了很久，期待那只“蝴蝶”能够飞出图纸，但也同样担心了很久。因为在这一过程中，每个环节的技术细节落实与完善都是对团队协作关系与协同能力的检验。其中最大的考验是结构方案的可行性，即方案初期最被质疑的点——“蝴蝶”没有“脚”是否站得住？是否能实现在双曲张拉和反正交空间体系下通过局部加固的方式实现结构自平衡体系，成了方案结构可行性的重要判断标准。经过缜密的力学计算及各尺度模型推敲，最终我们在试验阶段打消了结构顾虑。为了更进一步证实结构合理性，同学们在校园内搭建了等比例模型。

“觅羽”交大校园版
拍摄于上海交通大学农生学院草坪
（摄影 崔自佳）

3. 团队之合

在整个参赛过程中，团队中每位同学都展现出自己独特的专业优势及团队协作能力，为方案落地提出专业性指导意见。其中令人感触最深的是方案获奖确定建造后所带给团队的推动力，将整个团队拧成一股绳。经历了现场调整方案、努力争取花材、坚守场地到深夜、现场施工协同，等等，全队成员拼尽全力，最终完成了方案的实地建造任务。完工后，大家看见花园里人来人往——手牵手走进花园的青年情侣、夫妻和老年夫妇，在小径上追蝴蝶的小姑娘，在“翅膀”下摆拍的少年，还有那蓝紫花丛中的蜂蝶飞舞……所有团队成员的欣慰之情油然而生，印记于心。

4. 觅羽之感

“觅羽”从概念效果图到实地景观构筑的过程，在多位指导老师的专业指导下经历了整个竞赛设计团队不断的概念磨合、结构挑战、方案修改与方案整合。这个项目让初次参赛的我们经历了从方案到落地之间会遇到的种种艰难。感谢这一路上无数帮助我们的老师，同时感谢主办方给了我们将设计概念变成现实“秘境”的机会。

设计构思

“秘境”是浪漫的遐思，亦是斑斓的梦境。“秘境”应是模糊的，因此边界也是模糊的。

形态意向——“柔韧中的张力”

空间形态的张力象征着空间意向的延伸，一根根细丝仿佛束缚了空间的外延趋势，但却不能束缚观者的寻觅思绪，以空间意向的无限代替空间形态的有限，以无代有，隐喻性的无界空间让观者仿佛置身梦境并留有“秘境寻梦，觅竹如丝”的遐想诗意。

形态竹语——“束缚中的自由”

通过设计揭示传统竹构形态的内在材料性特征，将竹材的刚性及柔性对比映射成空间形态中的张力与束缚的形态意向。正如秘境之于现实，秘境应是无限的，现实却是有限的。

我们不应忘记梦境的美好，同时也无法忘却现实的约束。

我们结合现代设计语言再现东方秘境花园。

秘境序列

▼ 寻幽

丝絮缥缈，构筑半遮半掩，宛若隐于紫雾之后，亦真亦幻，吸引游人寻幽探胜

▼ 入境

蓝羊茅与超级鼠尾草相辅而成，蓝紫色层层递进，游人渐入佳境

▼ 羽生

信步于花前，见丝羽飞升，羽之下，群花融融，蛱蝶纷纷

▼ 见羽

八宝景天的加入让植物色彩多添了一丝粉红，序列从宁静逐步转入梦，构筑形态豁然明朗

形态生成

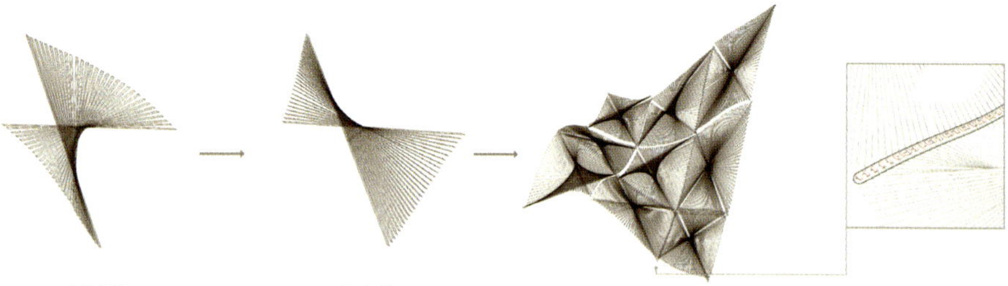

张拉单体
Tensioning Unit

组合单元
Composition Unit

聚合形式
Compound Mode

销钉固定
Pin Bolt

主体骨架节点连接形式：竹筒捆扎

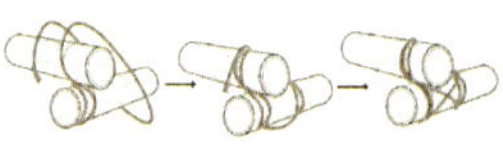

主体骨架由竹筒捆扎固定，简易操作。

编织骨架节点连接形式：竹筒插销

该节点的连接由主体较粗的竹筒和编织骨架的较细竹筒插销构成。

竹片编织节点连接形式：竹片销钉

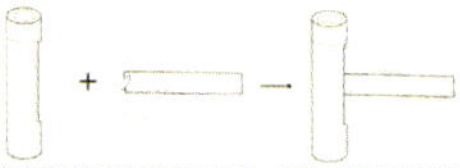

在主体骨架的粗竹筒上挖凿，在竹片顶端扭转形成T字结构。

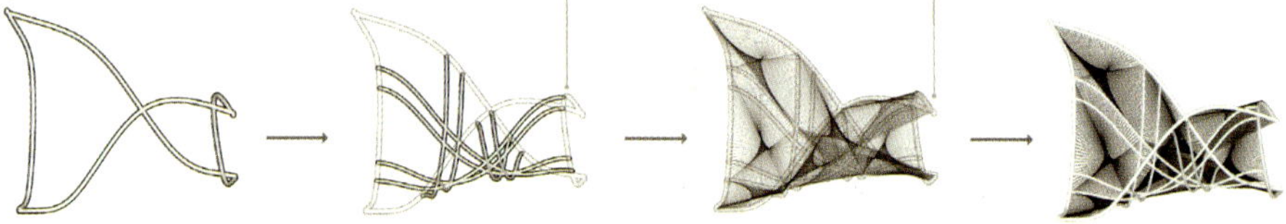

1 搭建主体骨架
1 Build the main frame

2 搭建编织骨架
2 Build the cross frame

3 竹片编织与骨架连接
3 Connect the woven-bamboo strips to the frame

主体骨架
Main Frame

编织骨架
Cross Frame

竹片编织
Woven Bamboo Slices

种植设计
Landscape Design

整体空间
Overall Space

关于空间

作品半围合的空间形态不仅在空间上解放了地面景观空间，将空间还给自然，同时建构边界感的消失起到与周围植物环境更好的融合效果，让建构与环境融为一体，开敞的空间特性与近人的形态尺度可以让人在未进入空间之前就感知到空间的存在，暗合秘境的感知意义与空间属性。作品利用寻觅手法构建了探索趣味，利用形态光影创造了遐想空间，利用植物的色香营造氛围。

花园是此在，秘境是彼在，蝶是载体，通过“寻觅”实现虚实转换与意境升华。

“入境”——虚实相间，置身秘境。

“见羽”——信步花前，见丝羽升。

“寻幽”——蓝紫相迎，寻幽渐进。

“羽升”—— 一方幽境，一品禅茶。

以结构与编织回应“丝如细羽，羽翼如飞”

双曲张拉的空间形态反映出竹子刚中带柔的材料物语。形态的内在柔韧与外在张力，正如竹子的双重独特品质——“乱叶犹能劲，柔枝不受吹”。整体尺寸采用 4m × 3m × 3m 的形态结构，在与地面的固定上采用了人字形斜撑结构，起到良好的支撑效果。细部编织通过张拉单体组合形成四个模组单元，最后通过单元之间离散聚合得到形态的完整性。这种模组化的建造方式，使得部件尺寸得到整合统一，以提升整体建造效率。

不同肌理的编织表面为竹构空间带来虚实相生的变换效果。

关于搭建细节

为了保证空间双曲主体结构的形态稳定性，我们先采用对撑拉接结构将竹构主体部分搭建完成，然后在竹构形体空间表面上加编织细节。

以空间张拉双曲面围合成的动态造型，回应“觅羽”的动态性主题。

关于植物

在种植设计上，特意选择了蓝紫色系的植物品类，经过高低搭配的竖向设计考量，丰富了秘境寻幽的梦幻之境，其中包含具有镇定安神作用的芳香植物——鼠尾草，吸引游人寻幽探境。

曲竹　取径　趣山

Bent Bamboo · Mysterious Road · Rolling Hills

初极狭，才通人。复行数十步，豁然开朗。
——《桃花源记》

获奖情况：竞赛组三等奖
设计方：西安建筑科技大学
项目设计 & 完成年份：2020
指导教师：武毅
参赛学生：赵虎宸 朱莉梅 许保平 罗伍春紫 王育辉 谢欣阳 马樱宸 李康华
协作单位：成都市草堂花圃
协作人员：袁旭 姜秋吉 杨溢 周一琴

蒋光丛 摄

蜀地寻梦

在微风小雨的阴天，我们乘坐的高铁穿过连绵起伏的秦岭山脉来到天府之国，一路旅途劳顿的我们安放行李过后便迫不及待地来到场地一探究竟。在这里我们一行 9 人看到了同样来自全国各地的高校学子，在桂溪湿地公园我们要一同建造美丽的秘境花园，为这秋日迷人的成都增添一抹奇特的色彩。

“飞梯绿云中，极目散我忧”，当极目远眺，连绵高耸的雪山横亘在成都盆地边缘，地理因素决定了成都的与众不同。这里自古与外界交通艰难，唯有“飞梁架绝岭，栈道接危峦”的小路可以沟通外界，但“锦城丝管日纷纷，半入江风半入云”的景象不知吸引了多少壮士豪杰想要入蜀一窥。当我们向往陶渊明笔下“土地平旷，屋舍俨然，有良田美池桑竹之属”的悠然生活之时，这种悠然生活却又在如今的蜀地平原上真实发生。这里优美的山山水水、美味的食物就像陶渊明笔下的桃花源秘境一般吸引了我们的目光，也因此才有了“少不入川，老不出蜀”的说法。而我们一行九人自秦入蜀就像是南阳刘子骥一般带着目的，只不过我们是实现了他未实现的 “欣然规往”的理想。

我们给这个优美的桂溪湿地公园带来的便是“曲竹 取径 趣山”花园秘境，一如成都平原被高山环绕，唯有狭长幽静的道路连接内外，最终我们通过自由的竹子将内心的秘境呈现出来。当我们探索着“初极狭，才通人……”的场景进入花园，并提取出“探索 + 流动”契合秘境的空间，再从以意化境的山水画中抽取出山峦作为竹构的形态，内部围合出的便是一方小天地，似乎整个蜀地的缩小化身便是我们的秘境花园。

当我们实地建造时才发现一波未平一波又起的问题不时缠绕着我们，虽未如“蜀道之难，难于上青天”，却也让我们“噫吁嚱”了很久。现场的地形变化，对于我们是当头一棒，让我们止不住叹息半天，但是当我们将主结构一根一根埋入地面进行调整过后，望着初现雏形的结构，心中的担心才一点点烟消云散；能工巧匠多用妙手进行工作，时间在日月轮转之中悄然流逝，当时间的指针拨向最后一天，望着被编织有序的竹篾覆盖的竹构，在一丛丛的植物簇拥下越发神秘，秘境的氛围自然而然地向四周扩散开来。

当我躺在竹构内部的一方小天地中，不禁感叹山水花月之际，看美人更觉多韵，而今在锦城湖畔，暮色冥冥之下，这一方竹构似有君子之骨，秋风瑟瑟中亦有千回百转的诉语。卧其中，枕手看碧空轻鸿，望晓星沉月，惊喜中压不住想要分享美的雀跃。什么是秘境呢？这就是秘境吧。没有云的天，没有雾的成都，捕捉到纯粹的天地在精心构建的竹框里，捕捉一种叩问心扉的震撼，如同时光弹指刹那的恍惚，竹构里，我看见自己的幽思开始演绎。

当阳光穿过编织的竹子照射到躺在一方小天地的我的脸上时，在秘境中的我终究还是醒了。虽然我们被这里“夜放笙歌喧紫陌，春邀灯火上红楼”的场景所吸引，却又不能长久地停留，我们还是鲜衣怒马的少年，需要努力拥抱这个世界去拼搏。

最后，很感谢主办方给我们提供了这么一个良好的机会来到现场搭建从而实现了我们的设计，也很感谢我们的指导老师武毅带领我们参加竞赛实现了落地搭建，没有每个人的付出，我们的设计不能够很好的呈现，感谢团队的每个人。

设计构思

方案概念源于桃花源记中“初极狭，才通人，复行数十步，豁然开朗”的场景，提取出“探索 + 流动”理念来契合秘境花园的主题。

设计灵感

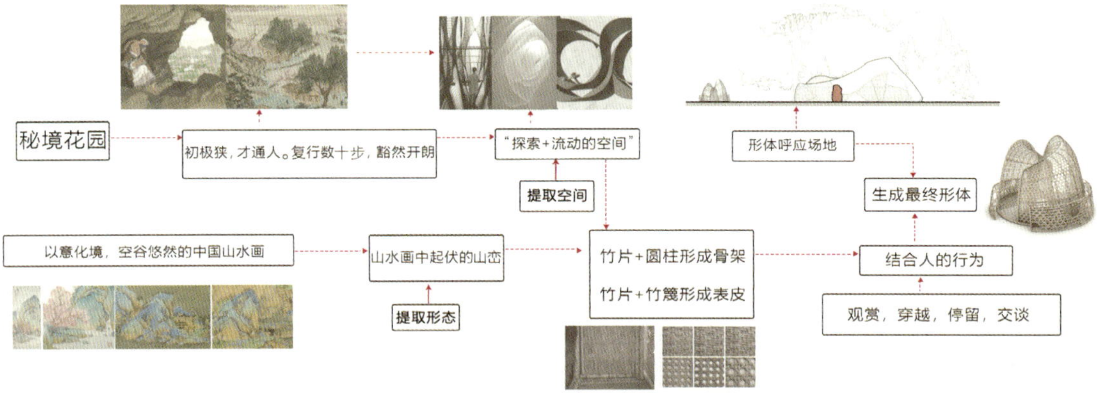
秘境花园
初极狭，才通人。复行数十步，豁然开朗
“探索+流动的空间”
提取空间
形体呼应场地
生成最终形体
以意化境，空谷悠然的中国山水画
山水画中起伏的山峦
提取形态
竹片+圆柱形成骨架
竹片+竹篾形成表皮
结合人的行为
观赏，穿越，停留，交谈

形态生成

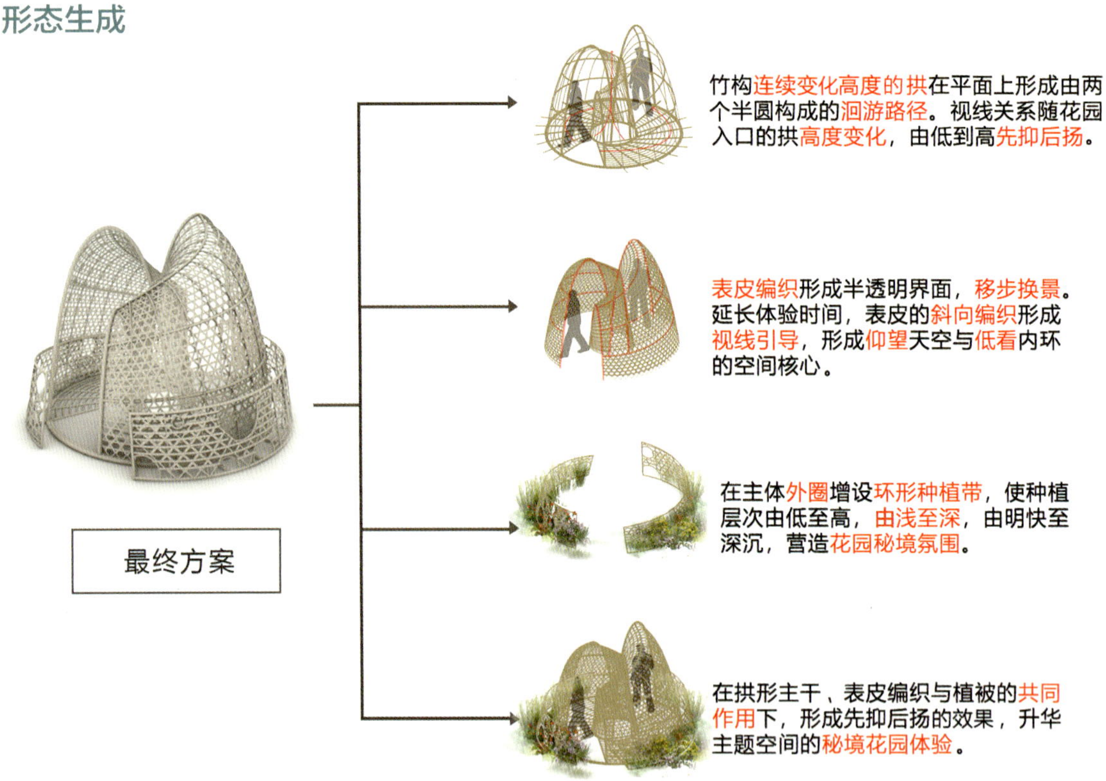
最终方案
竹构连续变化高度的拱在平面上形成由两个半圆构成的洄游路径。视线关系随花园入口的拱高度变化，由低到高先抑后扬。
表皮编织形成半透明界面，移步换景。延长体验时间，表皮的斜向编织形成视线引导，形成仰望天空与低看内环的空间核心。
在主体外圈增设环形种植带，使种植层次由低至高，由浅至深，由明快至深沉，营造花园秘境氛围。
在拱形主干、表皮编织与植被的共同作用下，形成先抑后扬的效果，升华主题空间的秘境花园体验。

关于空间

竹构连续变化高度，在平面上形成由两个半圆构成的洄游路径。视线关系随花园入口的拱高度变化，由低到高，先抑后扬。表皮编织形成半透明界面，移步换景，延长体验时间，表皮的斜向编织形成视线引导，形成仰望天空与俯视内环的空间核心。

"秘境之心"——当人们的视线被引导至我们所设计的空间核心之时，也就来到了我们设计的高潮部分，当游人抬头望去，视线会豁然开朗，而表皮的斜向编织形成视线引导，会自然形成仰望天空与俯视内环的空间核心。

"憩"——空间内核中的小空间供人休憩停留。

"舞"——方案整体在拱形主干、表皮编织与植被的共同作用下，先抑后扬，升华主题空间的秘境花园体验。

以结构与编织回应"曲""取""趣"

在结构与材料的应用上，使用竹片加原竹为骨架、竹片加竹篾为表皮。方案整体在拱形主干、表皮编织与植被的共同作用下，先抑后扬，升华主题空间的秘境花园体验。

太虚幻境

Illusory Land of Great Void

竹影穿梭觅红楼，太虚恍惚花镜里

获奖情况：竞赛组三等奖
设计方：西北农林科技大学
项目设计 & 完成年份：2020
指导教师：张新果 罗西子
参赛学生：蒲宝婧 刘恒君 陈江为 龙科良 肖旎珺 王皓松 刘熙宇 杨雪刚
协作单位：成都市绿化工程队
协作人员：汪建平 龙献东 张雯

刘宇箭 摄

公园城市的花园梦

赵雷的一首曲子带火了成都，对于从未到过那里的人来说，成都是怎样的呢？网红城市？火锅串串？熊猫竹林？在抵达成都之前，每个人心里可能会有无数种猜测，甚至害怕它文艺得让人无所适从。当我真正来到成都之后，头脑中模糊的印象渐渐被勾勒出了清晰的轮廓，这是一座公园城市，芙蓉花开，只觉得让人闲适。

非常幸运地，我所在团队的设计作品在北林国际花园建造节中脱颖而出，并于 10 月底在蓉城成都进行实地建造。有句话说得好，“不到园林，怎知春色如许？”而我在心里这样感叹：到了成都，方知公园应是这般模样。在成都的这几天，我尤为欣赏成都公园的浪漫与适意，甚至可以说这也是整个城市的气质。很难想象，在中国其他任何一座城市，会有成群结队的老百姓去公园聊着天喝着茶，真的是“此时情绪此时天，无事小神仙”。

回顾三天半的建造过程，最艰难的是在竹构曲面高处进行手动编织；最悲惨的是凌晨一点我们还端着植物不知道该怎么装饰；最期待的是在炎热的午后吃一个冰激凌甜筒；最享受的是午休时候躺在前边的空地草坪看着一大汪湖水；最满足的是看着我们的花园从无到有，从完成到完美。

建造到后期比较轻松的时候，我喜欢和队友一起到处去走走，看看别人的花园和我们有什么不同。在比较中，我得以收获，得以成长。每一个设计作品都融入了设计者自身的感悟和情怀，总能吸引一批特定的人群。学习其他优秀的设计，会让自己的作品更加丰满。

相信每一位园林工作者都有一个建造花园的梦想，想拥有自己的一方小天地，种菘剪韭，灌园鬻蔬。与自己或者三五好友，谈谈人生，谈谈理想，谈谈这么多年的所见、所知、所想，度过一个个无须言语、无尽浪漫、无限可能的夜晚。曾经有人问过我花园的意义是什么，当时来不及细想，只答道为一方土地有花有草有树有木。但其实花园带给我们更多的是精神层面的东西，它让人漂泊的思想有一处可以栖居。

非常感谢花园节给我们提供了这样一个机会，让我们能够在公园城市中建造花园，这将是我们终生难忘的一次经历。同时也希望成都这座城市能够永葆城市的生机和活力，将这座城市的浪漫和馥郁带给越来越多前来感受它的人。

设计构思

“仙袂乍飘兮，闻麝兰之馥郁；荷衣欲动兮，听环佩之铿锵。”方案受《红楼梦》太虚幻境的启发所成，结合仙女元素，融入山云形态，以花香与舞搭建整个秘境花园。

“其上不皦，其下不昧”，竹构通过两种编织方式，将空间划分为虚实相间的两部分，游人穿梭其中，一如辗转于虚幻现实之境，可谓“假作真时真亦假，无为有处有还无”。在烂漫花园中，已然坠入遐想。

概念生成

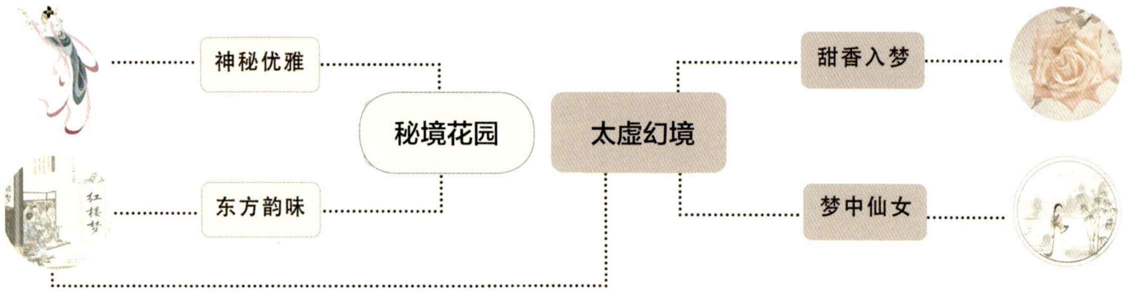

形态演替

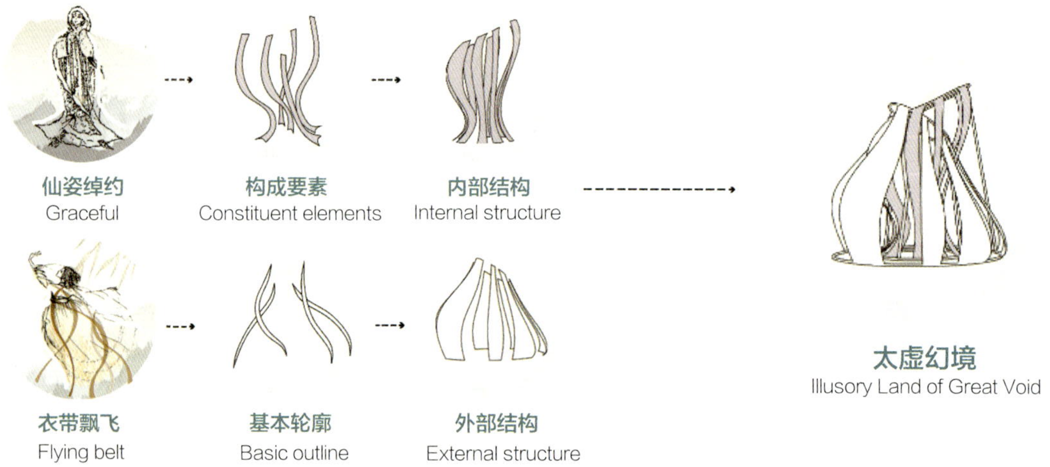

结构组成

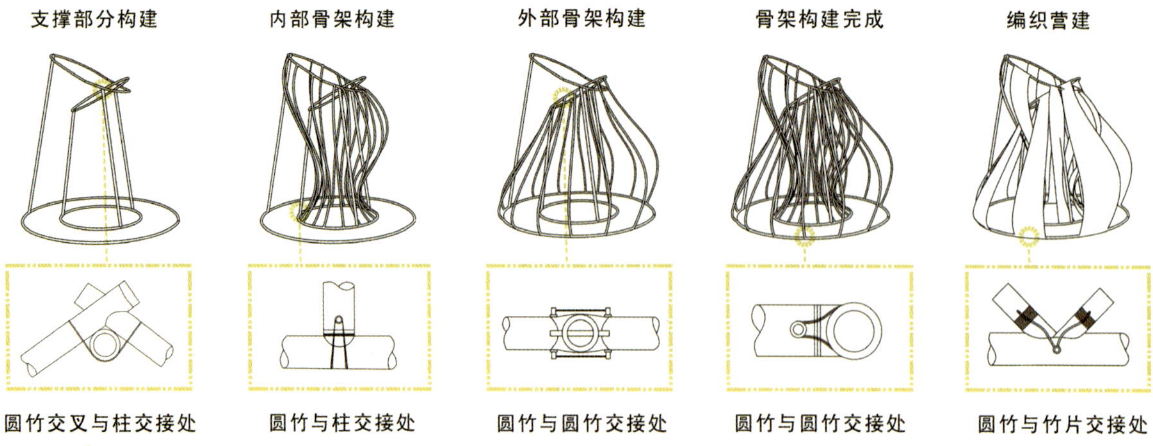

关于空间

“太虚幻境”的空间辗转曲折，富有诗意，竹构的内外两层共有 2 个主入口、13 个次入口，30 根圆竹自然形成了高低错落的步行空间，为游人的游览提供了无限的可能。游人在行进中，需得 “自然站立一弯腰颔首一舒展身体”方能进入内圈。一弯腰，一颔首，一蹙眉，一周旋，禅意尽显。内圈放置的蒲团垫，旨在为游人静坐仰望带来更加舒适的游赏体验。

“太虚幻境”与《红楼梦》

太虚幻境位于离恨天之上、灌愁海之中的放春山遣香洞，以梦境的形式在甄士隐、贾宝玉二位有缘人面前显现而来。竹构主体结构提取了“太虚幻境”镜中仙仙女的形象，充分发挥竹材的刚度和韧度，模仿仙女裙袂飘飘欲飞的姿态。

一方 · 竹里

The Cube of Horizon · The Corner of Bamboo

密林拂帘听风语，疏影坐榻观云夕

获奖情况：竞赛组三等奖
设计方：华中科技大学
项目设计 & 完成年份：2020
指导教师：苏畅 戴菲
参赛学生：孙培源 丁璐 裴子懿 王佳峰 邱悦 蔡卓霖 李姝颖 杨超 赵广旭
协作单位：成都市林草种苗站
协作人员：庞再敏 江中印 陈超

竹里竹外的事

本以为已经结束了。时隔数月，在接到建造通知的时候，我们的心情兴奋而忐忑。没有任何建造经验的我们依照计划继续制作了施工图。按部就班地进行讨论，没有人提出异议，一切平稳顺利。线上与有过两次建造指导经验的日本千叶大学教授章俊华老师沟通，被指出方案过于复杂，要随机应变。组员们相视一笑，不以为然。

10 月 19 日凌晨，我们到达了成都。受到新冠肺炎疫情的影响，花园建造节仍顺利举办着实不易。早上，我们兴高采烈地来到现场领取材料。当看到堆积如山的竹材时，大概只有头顶的乌云可以体会我们的心情。“你们的东西是最多的！”搬运工人带着质疑说道。组员们的一天基本就在拆包装里度过，每根竹材都包裹着塑料膜，每三根被两条棉绳系紧。而我又随着五金材料负责人，去五金市场挑选各种无法满足预期的材料。到傍晚，拆下来的包装又摞成了一座小山，而看看其他团队，隐隐约约望去连地基都有了。

20 号，第一日。我们当天到场 5 人，相比其他团队动辄十几人的队伍，我们显得十分特别。再面对几乎全场最多数量的竹材，我们显得十分可笑。比预期粗了两到三成的竹材，已经无法用预期的组装方式构建，提前设计好并打印出来的操作手册，随着雨水烂在了泥土里。于是我们用并排穿孔、长螺丝固定的方式，制作外框需要的竹排。因为设计中的竹竿长度变化很多，我们害怕出错，所以没有提前在工厂切割。而现场为了安全，提供的切割机是砂轮式的摩擦切割机，电锯台又只有一个，我和另外一个男生便只能手工锯竹子。一切勉强还有些进展，到中午，我们的外框竹排做完了。固定外框经过工人师傅的建议，直接沉入地下 35cm 以固定。似乎我们的进度赶了上来。到了下午，外框已经初具雏形了。然而没有想到的是，从主席台方向望过来，恰巧是我们构筑物的封闭视线。这意味着从远处望来就像一堵墙，这也是主办方没有想到的，原以为我们的作品视线轻盈，所以特意安排了靠近主席台的位置。经过紧张的协商，最后我们被迫转移到整个场地的边角，重新开挖地基，下埋固定外框。

第二日，大晴天。继续扯线定位，小心地埋入竹排，视线对齐，夯土，看着已经立起来的外部框架，我们感到了些许安慰，并且有新的两位同学加入我们，老师也赶到了。

第三日，按照原计划，悬挂的细竹竿需要用滑轮连接。但是搞不到滑轮，也没有细竹竿，只能让几个女同学去向其他组借用剩余的细竹竿，而滑轮也改成了麻绳套环的方式。继而有组员提到原设计的顶框是为了加滑轮，所以有拱形加固层，现在也索性去掉了。改为单根，用端点进铆钉、麻绳加固的方式。悬挂的竹竿因为借到的数量有限，所以长度与数量相比原设计也减半。原本波浪形的竹筒也改为平面形。下午，花材进场了，到这里基本就该收尾了。

第四日是评选日。因为我们中途被迫转移阵地，所以主办方又多给了我们半天进行调整。我们埋下花材，铺好白砾石，在外部调整芦苇丛的效果，擦干净竹排上蹭的泥土。紧赶慢赶，总算是完工了。虽然细节并不完美，但凸起的螺母、参差不齐的衔接处也增添了一份野趣。用不完的短竹筒便全部堆在下面的缝隙，体现生态与生长的意味。

对于最终结果，我们很满意，对得起几天来的辛苦付出。最后的合影，大家笑得很放松，总算心里的砖头落地了。这是抛砖引玉的作品，但也希望你们喜欢。

设计构思

从唐代诗人王维的《竹里馆》汲取设计灵感，从基础的方形空间入手，运用现代的景观语言，表达古代意境之美。用可参与的动态构件，营造丰富的内部空间体验。用简洁易行的构造方式，便于落地建造。凸显了可变、可赏、可游、可坐的特色，创造了多元的竹里空间，将“竹深无人知，唯与竹声伴”的氛围融入秘境花园创作。

设计灵感

动态空间

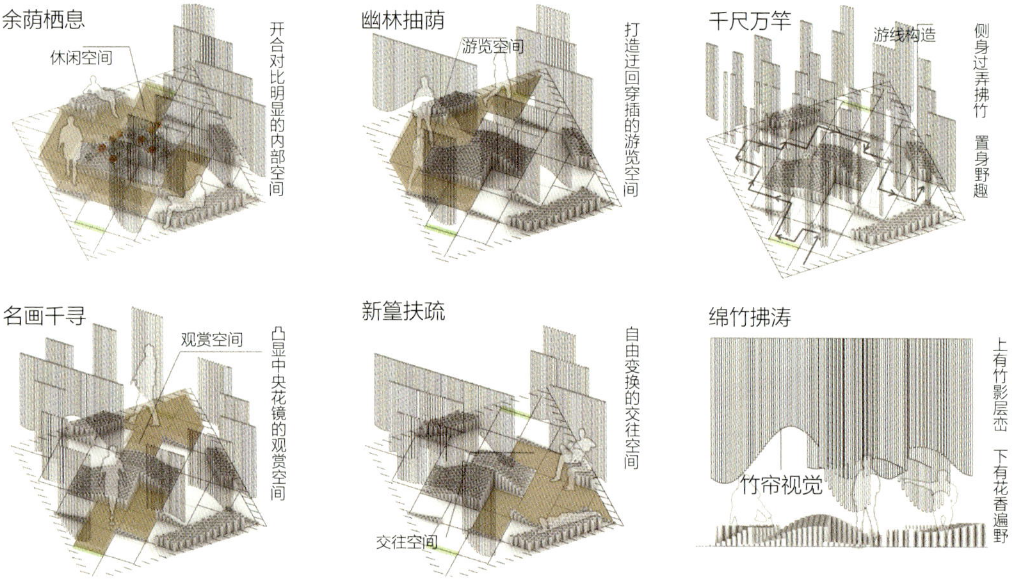

植物配置

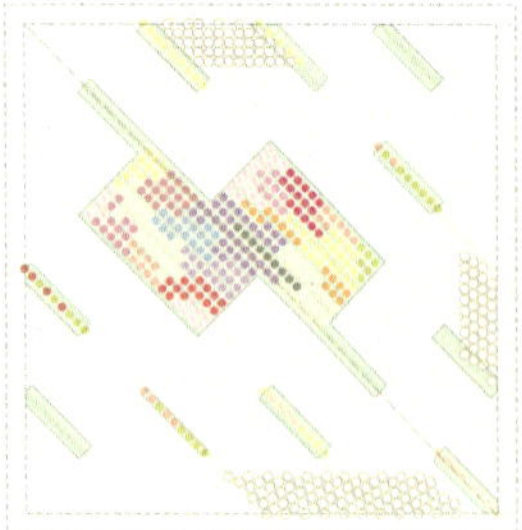

植物立面

关于空间

外部设计思路源于百叶窗的动态视线变化，四面用竹排围合空间，在两个开口逐级缩小竹排的宽度，营造轻盈的入口视线。在竖向上悬挂百余根长短错落的细竹竿，进行内部游线的分割。悬挂的竹竿采用套环的方式，游客可以自由滑动竹竿，从而创造无穷变化的内部空间。下部设置两个座椅可供休憩，当游人落座时，视线则与花野融为一体。

“变”——外框视线随着游览路线的变化而变化，内外时隐时现，营造动态的神秘感。

“玩”——随心所欲地滑动竹竿，留下未知。

“坐”——小憩花野、感受光影的变化。

“旷”——下部的空间视线豁然开朗。

以悬挂的竹竿营造变换的内部空间

在内部的横梁上，悬挂着百余根长短起伏有致的细竹竿，视线时而通透、时而遮挡，宛如置身竹林野趣。竹竿的顶部以麻绳套环的方式与横向竹竿连接，操作较为简便，且易于用手滑动竹竿。我们鼓励游客参与内部空间的营造，用自己的理解为后面的游客创造未知的内部景观。

竹竿将光线分割，随着太阳的角度呈现出极为丰富的光影变换。

关于搭建细节

为了保证主体结构的牢固性以及展现竹筒竹帘简明的搭接关系，我们直接把外部框架沉入地下 35cm，得到稳固的框架，顶梁用铆钉和麻绳加固。

通过百叶窗式的外框结构，增加视线的神秘性。

关于植物

以紫花鼠尾草、狼尾草、舞春花等观赏草为主要植物，构建花园的基调氛围。在停留空间处，以蒲苇作为背景，搭配鼠尾草，再以佛甲草和竹筒点缀，形成素雅的花镜空间。

汤宏炜 摄

织影

Weaving Shadow

天光云影转瞬逝，但借修竹暂留影
——编织的光影

获奖情况：竞赛组三等奖
设计方：北京林业大学
项目设计 & 完成年份：2020
指导教师：郑小东 赵晶
参赛学生：
辛昊儒 邱天琦 张敞瑞 胡坤宁 余孟韩 吴雅轩 倪凌珊 刘育军
（设计及施工图绘制阶段）
练则可 陈然 沈子晗 郝慧超 姜昕怿 邵壮 张烨 凌怡晨
（施工图调整及现场施工阶段）
协作单位：成都大熊猫繁育研究基地
协作人员：吴永胜 王革生 任晨媛

公园城市

张勇 摄

我在花园节建造花园

城市是人们赖以生存和发展的空间环境，公园城市是人、城、境、业高度和谐统一的现代化城市形态，是新时代可持续发展城市建设的新模式。作为城市人居环境的支撑系统，风景园林将会在未来的城市建设中发挥重要作用，成为实现城市与自然和谐相融的关键。风景园林是一门科学与艺术并重、知识与实践同行的学科。在学校，我们学习专业的知识与设计方法，用图纸表达设计。“纸上得来终觉浅，绝知此事要躬行。” 花园建造节给了我们一个绝佳的实践机会。从设计图纸到施工图绘制，从理念生成到落地实施，这几个月的时间里，我们经历了一个项目从生成到落地的完整过程，亲眼见证我们自己的设计被认可、建造、使用。在整个竹构的搭建过程中，除了施工进度的推进，我们也对设计创作的过程有了更深一步的理解。

本次花园建造节搭建使用的原材料是竹子。竹子作为一种自然生长出的原材料，被烤制加工成各种形状，又经过我们的施工搭建变成一个完整的竹构。与其他竹构作品不同的是“织影”没有将不同的竹子制作成规则的构件，这种个性化的象征虽然不是设计时的有意为之，但却在搭建过程中带给我深层次的趣味联想。竹构搭建的过程和竹子的生长非常类似，也是由少到多，从摇摇晃晃逐渐变得完整而稳定；同时，竹构的搭建也如同竹子的生长“厚积薄发”的过程，前期基础的搭建和最初几根拱的竖立都是迟缓甚至艰难的，而后期的搭建则轻松高效多了。

如果把竹构的搭建看作一个构筑生长的隐喻，那么我们前期的设计图纸和文本无疑就是它的“生长计划”了。但在实际的搭建过程中，不论我们前期的计划多么周密详尽，“织影”总是有它自己的“想法”，除了一些构件的调整，为了更好的光影效果，我们在之前设计的基础上，将单行的竹篾升级为网状编织。虽然工作量大幅度提升，但事实证明这种付出是值得的。这种改变让我更深刻地理解了艺术创作的过程与真正施工过程的不同，真正的施工往往要求施工人员严格按照设计图纸进行，但艺术设计的魅力就在于：一个艺术作品不仅是设计者思想的表达，设计过程本身就是设计者和作品的交流过程。在这个过程中，除了通过材料表达自己的设计和想法之外，还要不断悦纳材料本身的“想法”，了解它的气质。竹构最终生长完成，设计师也收获了自身的成长。

这种自身的成长并非一种想象中的附会。具体而言，这种与材料合作的感觉让我更真实地了解到创作的魅力。我们不是凭空创造景观，我们只是把原本就生长在大地上的一草一木艺术性地重新组织起来。草木本身具有生命，它们的生命决定了它们自身的气质；设计师也有自己的生命，不同的生命展现出不同的设计思想；两种生命在交流的过程中各自成长，创造出具有另一重艺术生命的新个体。它们虽不能互相决定，但却互相成就，而最具魅力之处就在于，在它出现之前，你不知道它最终会成长为什么样子。

三天半的搭建过程很快就结束了，看到场地上散布的一个个被创作出的“秘境”，我脑海中浮现出短短几天来的或疲惫或开心的一幕幕。从每天清晨揩掉的一颗颗冰凉的晨露，到黄昏时共赏的几抹安静的晚霞，我们每个人都完成了一场心灵的秘境之旅。

设计构思

“织影”团队认为，世间的光影本是转瞬即逝的，但若用实体的竹子，通过竹条的弯曲与编织，便可让编织光影成为可能。首先通过平面的路径编织，营造曲径通幽、探寻理想之感，整个平面既像是一个迷宫，又像是一个游园，人们也许会在其中迷失，也许会寻找到自己的理想乐园；然后通过立面编织，营造光影重重、若隐若现之感；最后通过空间的编织营造山重水复、柳暗花明之感。通过平面、立面及空间的共同编织，最终构成了我们的秘境花园，也构成了自己的理想。

设计灵感

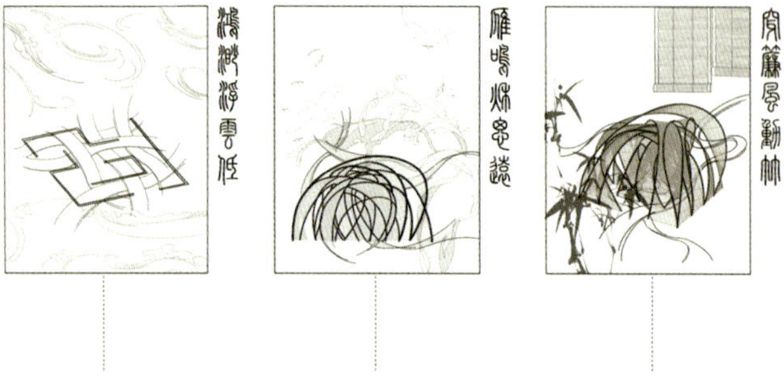

平面　　立面　　空间

形态生成

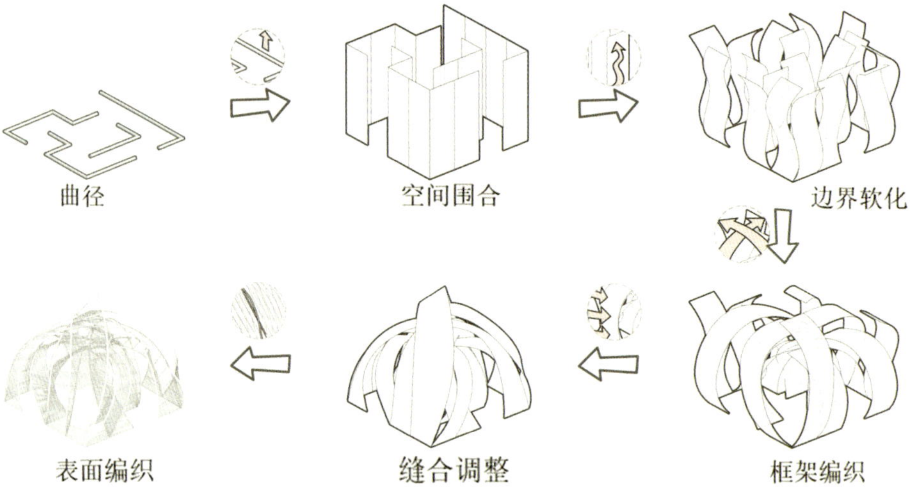

植物设计平面图

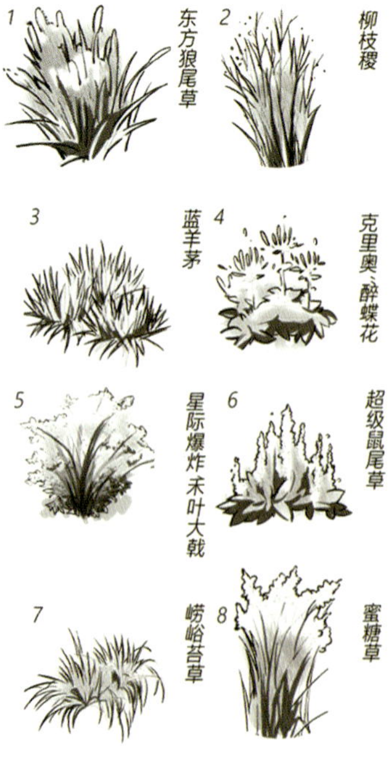

关于搭建细节

在施工过程中，团队发现施工图的平行竹篾工艺不能很好地达到编织效果，为了创造织影的效果，团队决定在之前设计的单层竹篾编织的基础上进行复杂处理，增加一层编织效果，形成网面编织效果，可营造影影绰绰之感。

网面编织效果

关于植物

在花园的意境营造上，考虑到竹材的质感与特性，采用高大的狼尾草突出野趣的氛围，同时配置粉黛乱子草作为色彩点缀，提升活力氛围。底部环绕佛甲草、向日葵、花叶络石、鼠尾草、小兔子狼尾草及多种菊科植物赋予作品明快的色调。

觅水影

Follow the Shadow, Wander in the Ripple

蒲草青青苇色新，阳光逐水水生金

——日常的秘境

获奖情况：竞赛组三等奖
设计方：北京林业大学
项目设计 & 完成年份：2020
指导教师：王向荣 赵晶
参赛学生：张沚晴 刘琦 马琳 吴沿羲 吴雨轩 蒋鑫 李见哲 霍达
协作单位：成都市公园城市建设发展研究院
协作人员：陈果 冯黎 黎丽娟 周里云 高灵敏 王雯 曾建川 王毅
周子游 李铭 刘洪涛

探索竹子 遇见花园

风景园林是专业性与实操性很强的一门学科，更是一门“实践出真知”的学科。作为一名专业内的学生，我们曾经为画过无数份图纸却从未参与过真正的施工建造而遗憾。将自己所学的一系列知识运用到花园的建造中，为市民带来美的享受，传达我们关于“秘境”的思考，是一次令人心潮澎湃的试验，也是一次精益求精的设计反馈，对今后的设计学习与实践有很大的帮助。

花园节建造主题要求以竹子和花卉为主要材料。对于我们来说，竹子既是熟悉的，又是陌生的。竹子很常见，但我们从未以其为材料来建造或构筑什么。这是一次关于竹子的实验。

回顾整个历程，五月是方案设计的阶段。为了实现预想的意境效果，加之时间不足，对于模型的部分细节和结构缺乏更细致的推敲，而偏重于观念的表达和故事的叙述。我们所理解的花园，是轻松而柔软的，是润物细无声的，是隐秘于环境中的，因此在设计中希望能够减轻结构的体量感，而更加关注花园体验过程中的空间转换与故事的发生。

八月至九月是施工图绘制阶段。实际上，在施工图绘制的过程中，我们也曾考虑过在结构方面进行修改，从而达到让人“眼前一亮”的效果。然而经过团队的数次讨论，最终决定仍然基本按照原方案进行，坚持我们对于花园建造“不应以结构为主”的观点，而应该更加关注材料的使用和植物的搭配。由于在方案设计阶段缺乏结构与细节的推敲，缺乏关于实际建造与材料如何定形的考虑，使得我们在施工图绘制中遇到了很多困难，前前后后修改了 3 版方案。

十月是建造阶段，历时 3 天。对于从未有过相关经验的我们来说这是一项巨大的挑战。关于如何实现“水影”编织的效果，我们事前准备了竹篾尝试编织，但并未成功，只能寄希望于现场发挥了。出发时，心情既兴奋又忐忑。结构搭建的工作也并不像想象中那样轻松，尽管在绘制施工图的时候就已经反复考量，但当真正面对满地的材料和工具时，却仍然手足无措，甚至从何开始都成了问题。

第一天的工作并没有非常顺利，结构骨架的搭建比想象中更加复杂，且操作起来难度很大，往往需要多人合作。一些原本在图纸上已经解决的问题，如底梁、圈梁与结构柱的穿插，由于工具使用不当或者难以操作等情况，致使工作进展缓慢。

第二天，两位工人师傅的加入使得搭建工作得以顺利进行。在搭建过程中，工人师傅总是能通过各种操作解决出现的不同问题，而他们的办法会比我们更加简便且高效，效果却又很好，我们与工人师傅的经验差距非常明显。在此，非常感谢工人师傅和成都市公园城市建设发展研究院各位老师们的鼎力相助。

第三天的工作较为细致，由于竹篾和植物与我们想象中的均有些不同，因此竹篾的编织与植物的摆放都需要现场进行调整。关于设计学的知识和与植物相关的知识在这一天得到了充分的应用。最后的结果虽有遗憾，但总算顺利完成了搭建工作。搭建结束后，比赛结果似乎变得不再重要，大家在花园中尽情拍照，欢声笑语一扫阴霾。

望着自己的作品，我们深知此次搭建工作仍有许多不足之处。我们通过用实际行动认识到“纸上得来终觉浅，绝知此事要躬行”的道理，在以后的设计过程中也会多一些更深层次的思考。这次活动让我们对自己的专业多了一份了解，也多了一份热爱。

设计构思

“秘境”是寻常而亲近的，是在我们平常的生活中等待着被发现、探索与回味的。“觅水影”方案讲述的是渔民探寻芦苇丛，在劳作之中发现生活与秘境之美的故事，尝试以一种平实、朴素而亲近的态度回应“秘境”这一主题。

设计灵感

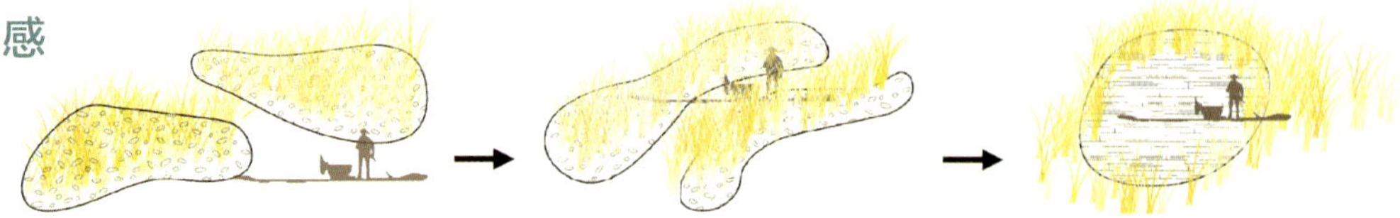

茫茫一片的芦苇丛，似乎藏着很多秘密，让我感到十分好奇。探索之旅在此启航……

穿梭在芦苇丛中，感受着光穿过摇曳的枝干，洒在水面上，波光粼粼……

不知不觉中，已深入芦苇的秘密之境……

形态生成

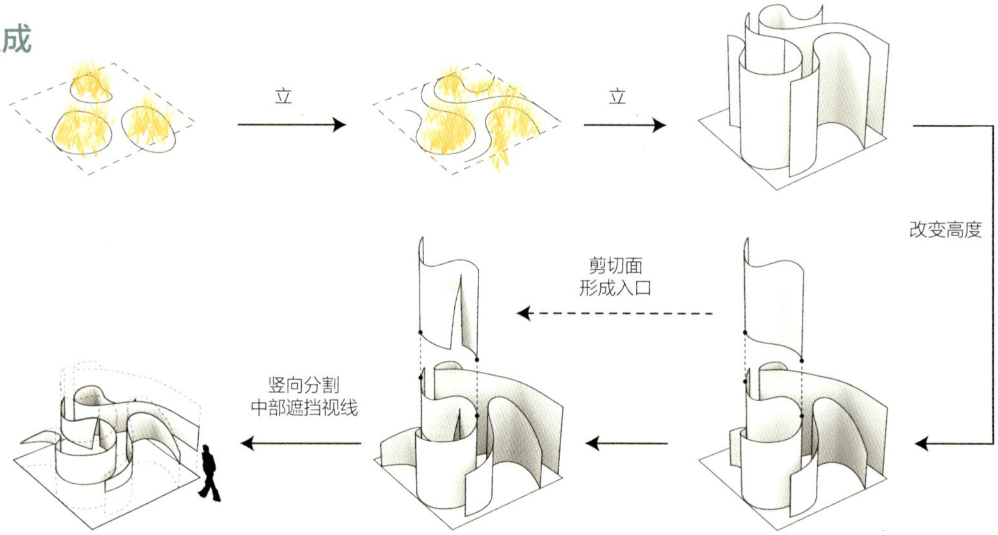

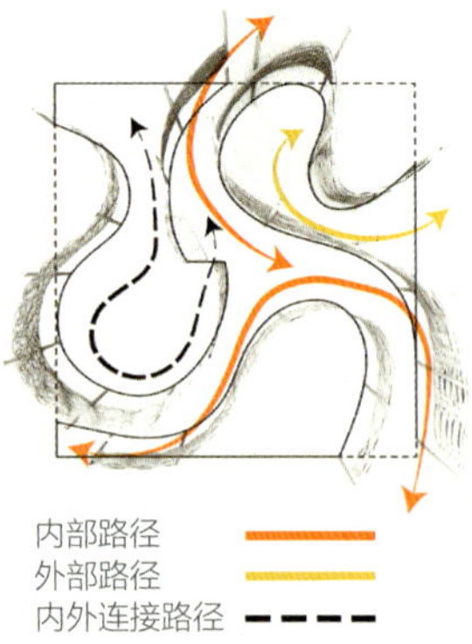

路径分析

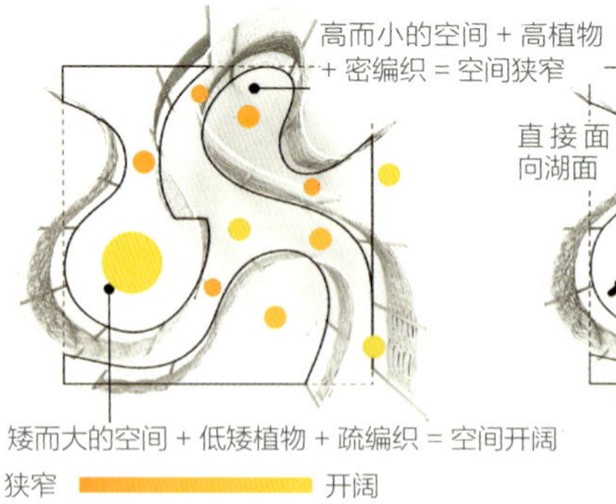

空间体验

空间与主题演绎

关于空间

设计从芦苇丛之间蜿蜒的水流提取形态，升起面围合空间，并为每个面赋予高度变化——由入口向中间逐渐升高。在竖向上进行虚实变换，中部遮挡人的视线。游人可以通过竹丝编织的缝隙看到外面的天地，增加神秘感。对其中一个面进行剪切，形成小洞口，正如芦苇丛之间的空隙。游人从洞口走入静思空间，面向湖面而坐。

“窥”——野趣植物层次丰富又隐有缝隙，既指示着入口，又使得内部空间若隐若现。窥探之下透出神秘之感。

“寻”——循着曲线而走，仿佛顺着水流而去。

“品”—— 一方蒲团，静坐其上，觅见水影。

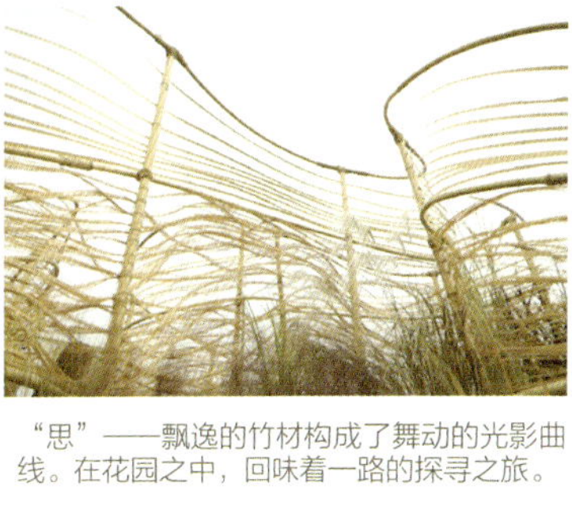

“思”——飘逸的竹材构成了舞动的光影曲线。在花园之中，回味着一路的探寻之旅。

以结构与编织回应“水”与“影”

在立面横向圈梁之间形成的遮挡面，运用了两种不同的编织方式以形成疏密对比。中部运用波纹式编织，由 20 根竹丝组成一股，每个面排列多股竹丝，上下波动不同高度，模拟水波形态。通过绑扎竹丝固定其弯曲程度，进而可控地形成水波形态。上下部分运用渐变式编织，竹片由下往上或由上往下，由密变疏，加强竹构水平方向肌理。

两种不同的编织面为竹构带来虚实变换的效果；三个小花园的高度各不相同，犹如泛起的水波。

关于搭建细节

为了保证主体结构的牢固性以及展现梁柱之间简明的搭接关系，我们采用了传统的穿斗式接法连接分段的热弯原竹圈梁，底部圈梁斜切出卡槽加固立柱，细的竹段则用木方制作套筒在内部固定。

通过水波状的编织面及其形成的影子，回应“水影”的主题。

关于植物

以粉黛乱子草、狼尾草等观赏草为主要植物，构建花园的基调氛围。在停留空间处，粉黛乱子草作为背景，搭配紫色马缨丹，再以佛甲草和竹筒镶边，形成尺度近人的停留空间。

蜀韵幽景

The Beautiful Scenery of Sichuan

山川河谷之间凉风萧萧，竹叶飘飘

获奖情况：邀请组一等奖
设计方：四川农业大学
项目设计 & 完成年份：2020
指导教师：陈其兵 郭丽
参赛学生：谢守红 姜宇馨 畅雨婷 唐可柚 张姮 龙傲宇 杨史前
协作单位：成都市望江楼公园
协作人员：刘龙 张讲社 赵传明

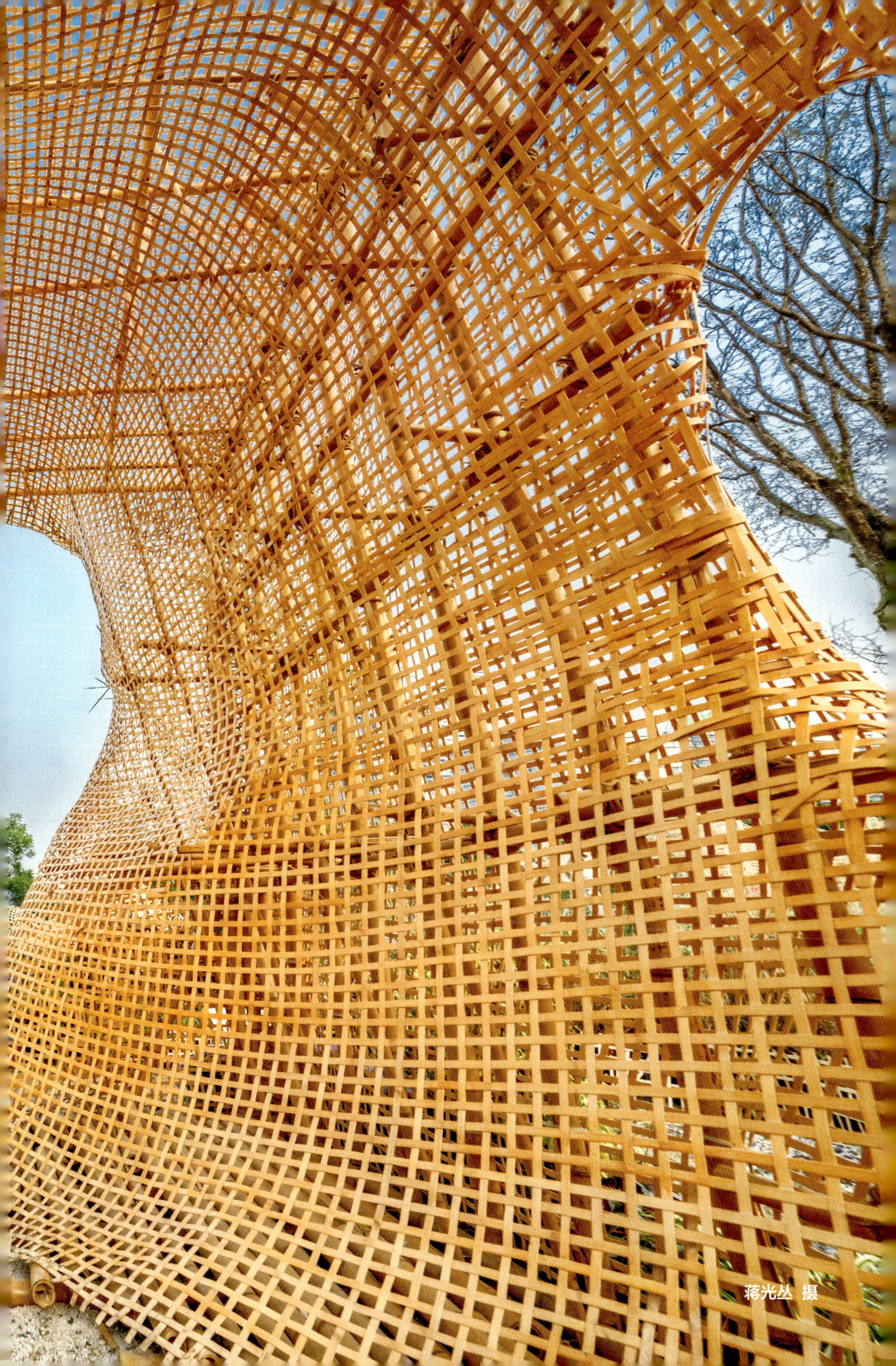
蒋光丛 摄

花重锦城，遇见成都

成都拥有得天独厚的好气候，一方水土培育出了成都特有的园林味道。我们在设计时结合了西蜀园林、川西林盘的自然风貌和韵味，从千年草堂树木丛生、悠悠古寺百草丰茂，到如今绿道蜿蜒，湿地、山林、野趣，以城市公园、绿道为载体，营造公园城市传统诗意栖居的构筑物。我们的作品为“蜀韵幽景”。“蜀韵”代表文人墨客与雅士对精神空间和园林空间的最高追求，意境洒脱悠然；“幽景”则寓意一幅清幽自然的竹林山水画，山川河谷之间凉风萧萧、竹叶飘飘，万物繁荣、生机勃勃。

和大家初聚的早晨，成都 10 月的寒意伴着秋雨，迎接花园建造节的开幕，和所有同学一样喜怯的还有未显雏形的竹料，淋过雨油光光地堆在大草坪上。飘着小雨的成都仿佛在为迎接竹构花园的到来排练序曲，我们和指导老师穿着雨衣、抱着竹竿，紧锣密鼓地安排计划、搭建框架。当竹构真正立在场地时，我们的兴奋多过了紧张，一边给竹子做着标记，一边与隔壁场地来自外省的学校老师聊着关于成都的话题。

整个场地在第二天一早就初露形态了，但奇形怪状的竹框架也许看起来还让人无法想象它们最终呈现的样子。雨过天晴，风吹散了厚厚的云，大家换上单衣，拿着工具迎着日头干着活，用沾着竹屑的手抹掉脸上的汗，和辅助搭建的工人们一副模样。每个学校的老师和同学都带着自己的作品争分夺秒，中午坐在场地边扒拉几口盒饭就继续切割组装，晚上也无暇品尝自助餐食，趁着天暗之前捆绑固定，爬上货车叫上队友，在夜幕中搬来配景植物，坐在草地上修改方案直到周围的建筑灯光熄灭、车流停息。

三天半的时间，从基本的骨架搭建到各个结构的拼接，再到竹编表皮的连接以及摆放花径植物，同学们朝夕相处，为了一处细节争执，又为了完美的配合击掌。这些对于平时在象牙塔学习理论知识的我们，是绝对令人激动和难忘的经历。最终的成型、营造的整体氛围也让我们感到满意，作品吸引人们进入竹构内部，去寻觅远离尘世喧嚣的宁静纯粹，探访西蜀竹景中的素雅清幽，追随内心深处的恬静自然。在“蜀韵”秘境花园中，寻找属于自己的天地，让干涸之心重获生机，让疲惫之身渐入自然静谧之境。

在成都市相关部门和北京林业大学各位老师的大力支持下，花园建造节最后呈现的竹构作品形式五花八门、包罗万象，竹子在同学们手中真正做到了可观、可游、可赏、可沉浸式参与。这次活动质量高、规模大、影响力十足，创造了一次极好的“竹构筑物”与“竹建造”体验活动，对于向公众普及园林、植物、生态文明都有极大的推动作用。并将我国大力推进生态文明建设的实践与竹材的推广、应用密切联系，也为大学生及社会各界提供了更多参与生态文明建设的实践机会。

设计构思

灵感源于川派盆景之姿、川西林盘之境及西蜀园林之景。外形以“横看成岭侧成峰”为意，正面远看似虬曲多姿、气势雄伟的川派盆景；侧面将青城之幽、峨眉之秀、西岭之俊、剑门之险浓缩于顶端的绵延不绝之中，有着强烈的地域特色及造型特点。在“蜀山蜿蜒、盆景山水、茂林修竹”的秘境花园中寻找属于自己的天地，让干涸之心重获生机，让疲惫之身遁入自然静谧之境。

设计灵感

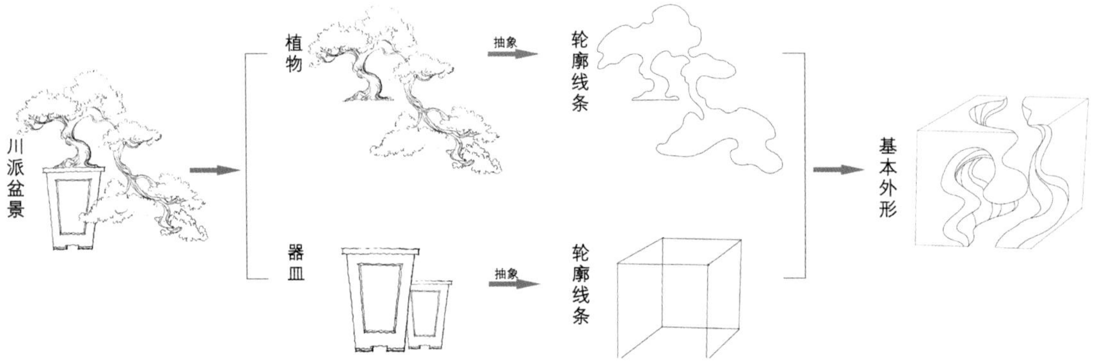
川派盆景
植物
抽象
轮廓线条
器皿
抽象
轮廓线条
基本外形

形态生成

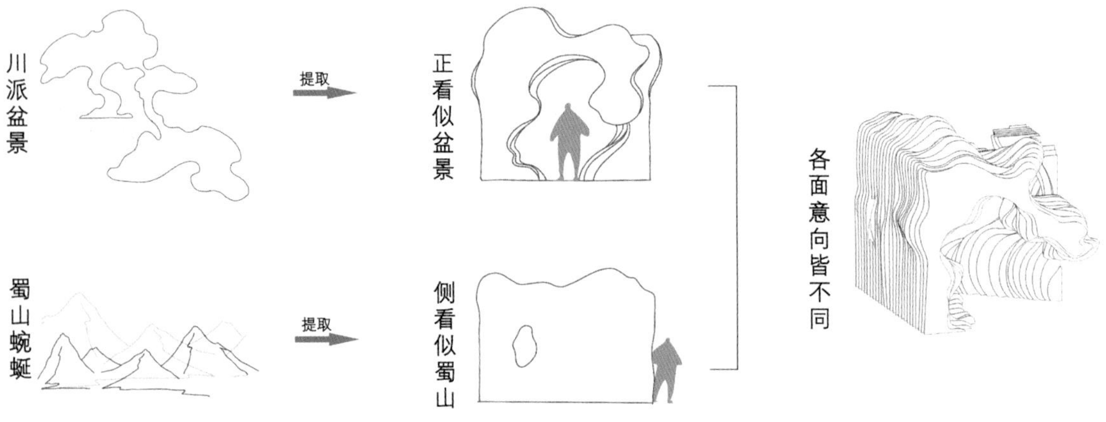
川派盆景
提取
正看似盆景
蜀山蜿蜒
提取
侧看似蜀山
各面意向皆不同

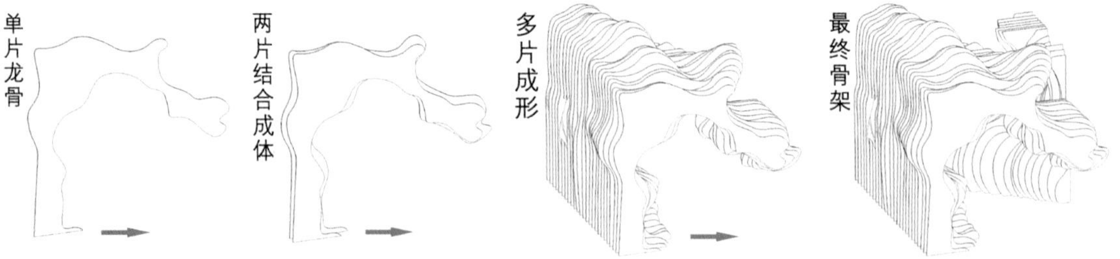
单片龙骨
两片结合成体
多片成形
最终骨架

关于空间

川西林盘的林下空间和西蜀竹林的意境浓缩于构筑中展现，伴着飒飒凉风、自然之声，在竹片间厚积薄发。渺渺白雾，清凉萦绕；淡淡竹香，沁人心脾。整体具有可游、可观、可感、可览的多维度感知功能。

竹构中部掏空，形成框景。向外看——幽幽竹林；向内看——神秘诱人。

西蜀竹境之“音”。

川西林盘之“冷”。

川派盆景之“思”。

以结构为“骨”，以编织为“相”

整个构筑物在搭建过程中，主要分为两部分。一是搭建用于支撑的龙骨，竹子做的龙骨纵横交错，高低起伏，是结构当中至关重要的一环；二是覆盖表面的竹条编织，将处理好的竹条编织成网，再将其整面覆盖于构建好的龙骨之上，使其随着龙骨的凹凸而产生流动的变化，寓意着西岭雪山的山峦起伏，同时营造“横看成岭侧成峰”的视觉观感。

竹条编织形成的肌理本身就给人一种视觉上的美感。

关于搭建细节

为了保证龙骨可以结实牢固地连接，我们在搭建的过程中，采取了先搭建整体框架再进行局部切割的办法。在横纵向的龙骨结构上，加上了斜撑，使其形成较为稳定的三角形，保证了结构的稳固。在将竹条编织固定在龙骨上的时候，我们先将大面积平整的表面覆盖于龙骨之上，再用零散的竹条将连接的空隙重新编织使其牢固稳定。

阳光透过网格之间的空隙洒下来也别具意趣。

关于植物

为了营造一种竹林幽静的意境，在植物选择上，主要以琴丝竹、芦苇等株高较高的植物来围合，再用多种低矮的植株做前景装饰，如假连翘、佛甲草、矾根等。使得整体环境层次分明，趣味盎然。

隧·燧

The Tunnel

天堑变通途，蜀道一日还
——通达“秘境”的利器

获奖情况：邀请组二等奖
设计方：西南交通大学
项目设计 & 完成年份：2020
指导教师：周斯翔 吴然
参赛学生：贺肖淇 陈镜伊 吴天昊 张润旋 黄浩鹏 唐雨倩 张柏森 刘百川
协作单位：成都市人民公园
协作人员：刘永忠 王文胜 邓莉

十月花园

学生之间流行着一种说法：十月伊始的国庆节是一学期内最后的假期，再想从学习的苦海中抬起头看看外面的世界时，已是元旦；你得熬过漫长的十月、十一月和十二月，而其中最难熬的，是从假期转换到学习的那个十月。当然，学习其实是很好的事情，只是大家太懂得，在学无止境的人生里，总得有些有趣的时间碎片穿插进来，才能更好地坚持下去。

这次在十月底举行的北林国际花园建造节，点亮了即将走向枯燥学习生活的十月，也成为我十几年的学习生涯中难以忘记的人生故事。

当听到本届北林国际花园建造节在成都举行时，作为受邀组特别参加的我们感到荣幸。花园建造节自第一届以来一直用独特的方式持续激发着学子们的创作热情。与其他设计比赛不同的是，设计师们需在指定的场地中将自己的设计亲手搭建出来，因此承载各种设计的场地也十分重要。成都公园城市建设如火如荼，几年来诞生诸多生机盎然的公园，无一不能担此重任；而这次花园节的最终举办场地选在了桂溪生态公园——闹中取静，城市绿肺，其本身也着实符合本次活动“秘境花园”的主题。

在桂溪生态公园进行搭建的四天里，我们经历了很多事情，总结起来可以用两个词概括——“新”和“变通”。

创新是花园建造节的基础要求和最终目的，也是设计永恒的主题。作为设计相关专业的学生，我们最怕的是一开始就陷入思想的囹圄而举步难行。在设计的一开始，有人提出：“竹子可以让我们自主喷漆，变成不一样的颜色吗？”虽然这个提议因规则不允许而否决了，但这确实是一个很好的开始，让我们的竹构方式最后体现出了自己的新意和特点。其实，我们的作品不仅是“新”在竹构的设计，也“新”在这次的合作组合上。这是我第一次正式和这么多学弟学妹以及老师一起合作，过程很顺利、很开心，也很神奇，神奇的是通过花园建造这件事，让本来毫无联系的大家走到一起，没有芥蒂地交流，像认识多年的老友一起朝着一个目标前行。我们相互平行的人生轨迹上都多了一个共同的、漂亮的结。

“为了实地做出新的花园艺术，我们总要在骨感的现实中做出一些变通。”这是这次花园节里我学到的又一个道理。还有很多类似的道理，在诸多真实情景中练悟出来，类似于“设计无法真的搭建出来，需要重新做出调整”，或是“上报的植物清单数量过少，场地需要更多的植物装配”，又或是“提前写好的解说词毫无用武之地，得现场发挥重新对作品进行解说”……一系列的状况让我们团队大有“兵来将挡，水来土掩”的架势。是的，完全的准备固然要紧，“变通”却也不可或缺。

我现在还能回想起大家累到一屁股坐在了树下的石头上，我拍了拍被泥土沾湿的裤脚，那是雨后的青草和刚加工过的竹块的味道。

在十月的最后一个星期，我好像是从繁忙的学习中抽身出来踏进了这些有趣的时间碎片；又好像学到的比一整个十月都要多。

——唐雨倩

设计构思

隧道，是人类用勇敢和智慧穿越险阻、通达“秘境”的利器。从“仿佛若有光”的天然峡隙，到“天堑变通途”的工程壮举，隧道沟通了无数人类曾经无法涉足的秘境，将文明的华光传向探索的彼岸。燧火相传，闪耀在隧道两端的，是奋进求索的光芒，是力行求仁的温暖，是秘境之美的印痕。

设计灵感

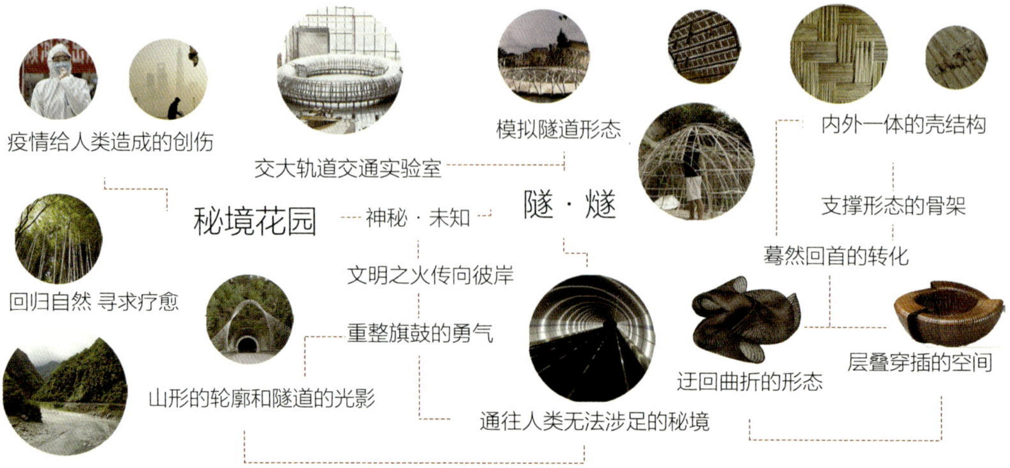

形态生成

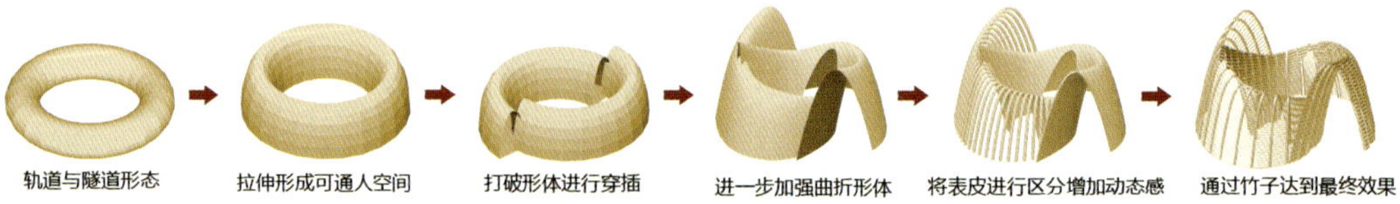

构造节点

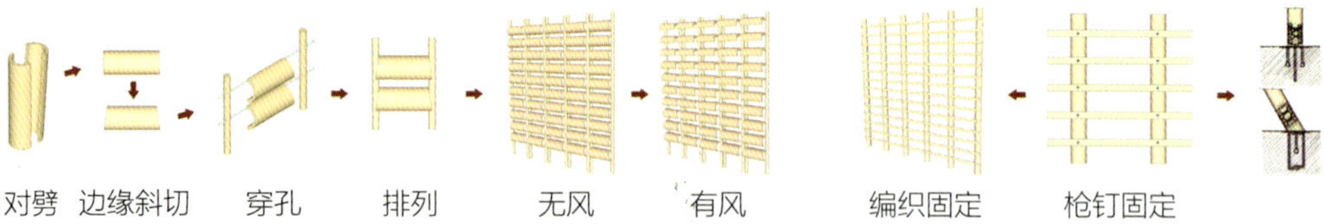

空间逻辑

关于空间

竹构仿佛山形的轮廓，犹如光影斑驳的隧洞，中心“盆地”部分蓦然回首间的空间转换，隐喻着以成都为起点，通达秘境的燧火传递之隧，是一曲献给奋斗者的礼赞之歌。

“隧”道与“燧”道

竹构采用两条通道中心对称的形式，咬合组成主要形态。其中“隧”道通过活动的竹片，给人带来听觉上的感受；“燧”道则以光影的形式，给人以穿梭的动态视觉体验。两条隧道向中心弯曲交叉，共同围合出小花园空间，代表了历经艰难困阻，终涉足蜀地秘境。

虚实对比的两种空间为穿行者带来丰富的体验。

蜀中茶器

Teaware In Sichuan

在“茶器”里，窥见天地，看见自己

——蜀中秘境

获奖情况：邀请组二等奖
设计方：四川大学
项目设计 & 完成年份：2020
指导教师：李沄璋 李恒
参赛学生：吴颖 孙禄鹏 张慧珍 王瑾瑄
协作单位：成都市百花潭公园
协作人员：谢宗良 陈真铭 王若煊 罗畅

五色梅

内外的张力

“蜀中茶器”作品设计以金沙遗址陶罐的器型为外形，以器内的茶道为内涵，以器外的自然为背景。从花园的设计到后期建造完成的过程中，让人始终感受到一股张力，这股张力表达在竹材的可塑性和多样性中，渗透在茶器构筑物的空间内外关系中，更蕴涵在构筑物所倡导的巴蜀生活态度中。

竹编，对于四川人来说可是再熟悉不过了，我脑海里至今仍能浮现老一辈人们在雨天屋檐下编竹篮的情景。可真当自己要亲手与竹材打交道时，我才了解到竹材可呈现的多样性以及蕴含在竹材里面的那股韧劲。此次的构筑物由 16 根同样的骨架围绕一圈构成，固定基本骨架的时候我感受到竹材韧性中所包含的张力；散开的骨架围绕着圆形中心像花朵一样向外发散，尽团队 8 人围抱之力也不能很好地将骨架控制成形。所谓“行之愈笃，则知之益明”，在逐步修建完善的过程中，团队成员也惊叹于竹材竟可以如此多的形式出现。坚硬的竹骨架、细长的竹篾、经火烧而弯折的竹竿、轻薄的竹片以及杂乱的装饰性竹枝……如此种种，皆构成竹材内部的张力。

构筑物的外形以金沙遗址的文物陶罐为形态来源，利用自然竹材以及传统的竹编工艺构筑出一个与自然相对隔离、但又处处渗透自然的方寸之所。“蜀中茶器”与其他作品相比稍显孤立与封闭，从室外看，圆形的结构与极其狭窄的门处处透露着对外界的拒绝；但是当我们进入空间内部时，望向室外，疏密有致的隔断又在不断将室外的植物、湖面、天空融合为一幅幅崭新的画卷。室内外对空间环境的不同感知，方寸之间，自有天地，这又是整个构筑物所呈现出的张力。

古蜀文明起源于我脚下这片土地，其古老而又朴素的自然观，在几千年后科技飞速发展、自然环境恶化的今天，亟须重新回归，警醒着我们每一个人去重新审视当下的人地关系。桑田沧海，不变的是巴蜀人民寄于汤茶文化之上的闲逸生活态度。而茶文化也作为巴蜀地区的典型符号之一，在这片土地上生根、滋长。团队对“蜀中茶器”的构思也是起源于一张川蜀茶馆的老照片：昏暗的茶馆内，阳光透过高窗照到人们脸上，交谈的笑声与茶水的热气氤氲而上，阴暗的空间内也可以有如此欢快的氛围。因此，团队希望延续川蜀文化中闲适的态度，延续这种对比中的张力，在方寸之间也能拥有一片拥抱自然的闲适。

内外的张力，在于竹材本身，在于整个小花园，更在于蜀中茶器所包含的闲适态度。

设计构思

“秘境”是一个内心安宁又可以感受风花雪月、不被外界所打扰的空间。在四川这片土地上，茶是不可缺少的生活，本次设计结合成都特色茶馆与禅意空间，营造了一个“茶室”来回应“秘境”。利用自然竹材以及传统的竹编工艺，构筑出一个与自然相对隔离，又处处渗透自然的方寸之所。

设计灵感

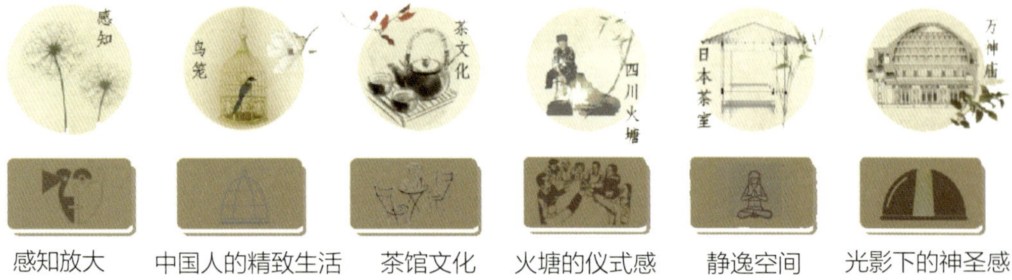

形态生成

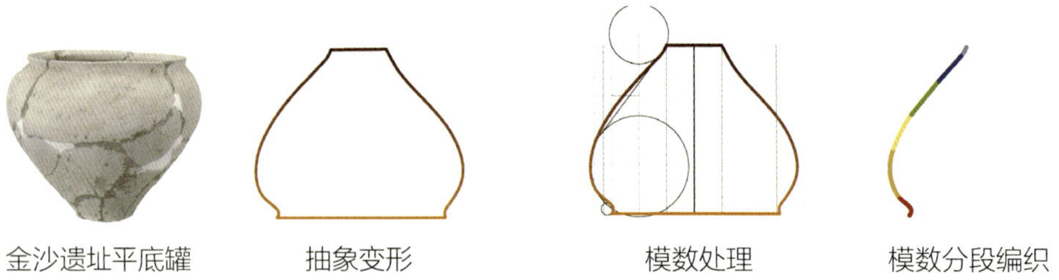

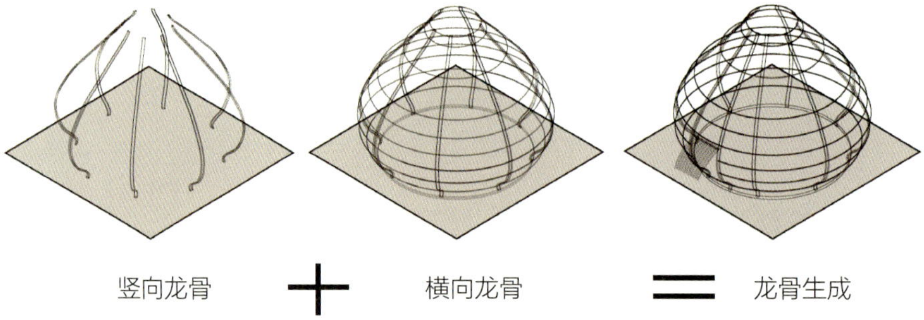

编织方式

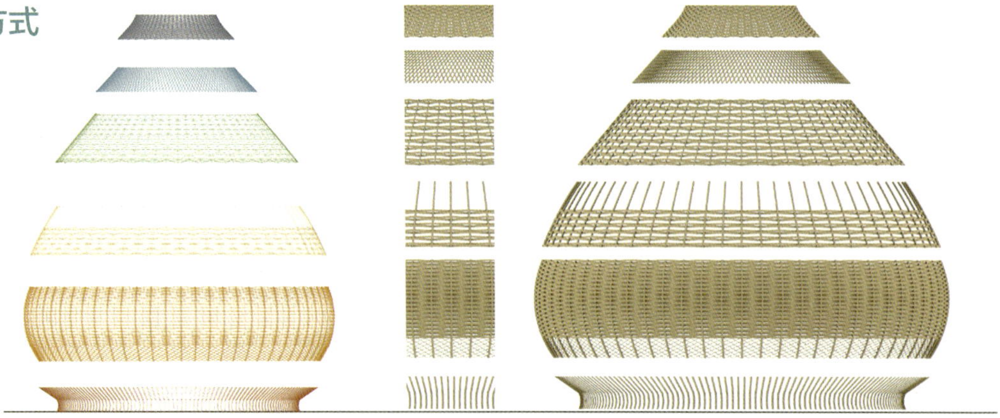

设计取形于上古时期的陶小平底罐，采用具有蜀中特色的青神竹编手法，造型古朴、疏密有致，集古今巴蜀之韵于一体，古朴自然。

关于空间

茶道的精髓在于心境与物境的合二为一，心境是个人独处的内心观照，物境是万物所处的自然环境。因此，我们希望在自然朴素的“器”中纳入中华文明礼仪精华——茶文化，引发个人的自省与顿悟，从而思考出人与自然和谐共生的生态哲学。

在“茶器”里，窥见天地，看见自己。

这里，有日月星光。

稚子童趣，在这一方天地。

静坐蒲团上，沏一杯茶，看云听风。

以结构与编织来塑造“茶器”

用横竖数根龙骨固定“茶器”形态，在立面运用了七种不同的特色编织方式以形成丰富的表皮。底部较为疏松的斜纹编织和竖条编织，使周围环境与内部空间相互渗透，为构筑物增添了几分轻盈之感，中部的编织较为紧密，使内部观察者静坐时与外部视线分隔，站立时不被其阻挡视线，顶部再次采用紧密的横纹编织，既实现了与中部编织的呼应，又将顶部视线收束于中心圆孔之中，将光线收集于此处，为整体设计增加了静谧之感。

蜀山秘境

Fairy in Shushan

草树云山如锦绣，秦川得及物此间。

——蜀地的秘境

获奖情况：邀请组二等奖
设计方：西南大学
项目设计 & 完成年份：2020
指导教师：周建华 孙松林
参赛学生：邓思桥 李武肸 李乾 丁双鑫 侯文武 祝赛男 白余迦 张梦屿
协作单位：成都市花木技术服务中心
协作人员：张彤 陈冲 罗伟 罗增春

我在成都建花园

作为景观设计师，我们首先都该是一个浪漫主义者，想要创造一个空间，依附山林野趣，提供多重体验，表达我们理解世界的浪漫方式。而时隔几月再去回忆那段为花园建造节努力的日子，仿佛是去见一位老友，比起最初的热忱与激动，回忆的时候显得温暖平静了许多。不可否认，这是段美好的时光。

在尝试中试错

参加比赛之初，我们的确是青涩的，也无序地撞了很多次南墙。大家都存在零经验的茫然、多方面的未知、对竹材的陌生等问题，因此也陷入了分歧中没了进展。通过老师们的帮助和多次团队会议的集思广益，我们发现，不断在尝试中试错，是我们最笨拙也是最真诚的一种参与方式，只有我们亲自排除偏差的想法、错误的方式，才知道哪些是对的，才能通过共同努力寻找到正确的方向。

如一根竹子从发芽、扎根、抽叶到郁郁葱葱的成长过程一样，如今的我们和创造的花园作品也是成长累积的结果。从概念的草稿、模型的计算、图纸的编排到现场一根一根竹材的搭建，小花园生长的各个阶段充满了变化的挑战和思维的碰撞——人们穿行其中的体验、竹材的结构和质感以及搭建的方法过程都成为构建花园整体的每一块基石。而我们也相信，它的生长会蔓延到每个进入它的体验者的心里。

争执与合作

如克雷洛夫所说的“一燕不能成春”，一个好的作品离不开团队合作，团队合作不是一个人的游戏。这段经历也教会了我要承认并接受自己的局限性，承认自己的逻辑和思想的有限是迈入合作的第一步，在多人“头脑风暴”中产生的奇思妙想往往是经过互相补充、完善才能获得最优的选择，而绝不是一个人的抉择。在一次次的分歧争执中，学会欣赏别人的独特视角，学会正视自己不擅长的领域，学会接受团队的决定，学会为整体而收起自己不合时宜的骄傲与锋芒。

非常感谢有这么一段经历，让团队里面的每个人有认识彼此、互相配合的机会。不管是桂溪生态公园清早的露水，还是夜晚一起赶工的身影，所有的欢声笑语与辛苦劳累都只是属于我们 8 个人的共同回忆，这样的成长显得弥足珍贵。

遇见而感恩

在花园建造节结束之际，我曾一个人认真地走进小花园欣赏我们辛苦完成的作品，在竹间透出的斑驳光晕中蜿蜒前进的体验，是成长给予我的最好的礼物。

总之，作为拥有这段经历的幸运者，我们需要感恩。无论是恰逢时机的花园建造节，还是朝夕相处的团队伙伴，或是成都那几日明媚的阳光，或是我们自己，在种种适当的时间地点，我们完成了一次难忘的旅途。愿未来的日子，我们也能怀着这份赤诚奔赴山海，保持热爱。

设计构思

“蜀山秘境”以表达蜀地山川的自然与人文胜景为主题，以四川天师道的阴阳五行为构图元素，以中国古典园林最具特色的空间游览体验为造园理法，利用“上下求索、移步异景”的螺旋空间，模拟蜀山特有的自然景观，构建“入、寻、悟、离”等多重空间体验，使人在穿行过程中既感受到“道法自然、人与天调”的文化意境，又体会到“峰回路转、螺旋上升、回归本初”的人生哲学。

设计灵感

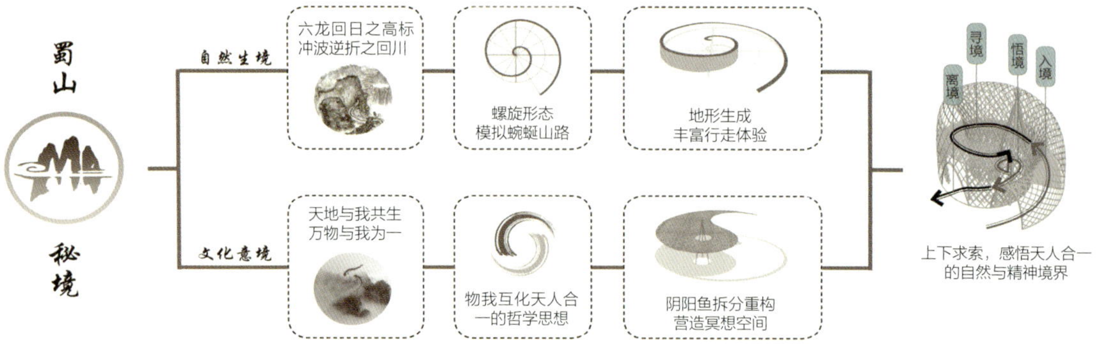

蜀山
秘境
自然生境
文化意境
六龙回日之高标
冲波逆折之回川
螺旋形态
模拟蜿蜒山路
地形生成
丰富行走体验
天地与我共生
万物与我为一
物我互化天人合
一的哲学思想
阴阳鱼拆分重构
营造冥想空间
离境
寻境
悟境
入境
上下求索，感悟天人合一
的自然与精神境界

夜景效果图

关于空间

如何在小尺度的花园中塑造隐秘幽奇的空间，是我们开始思考的起点。峻峭幽深的长江峡谷、萦转曲折的山路栈道、天人合一的和谐思想……我们在广袤蜀地的自然形胜和人文底蕴中发现了众多的秘境意象，于是我们将回转的蜀山峡谷抽象为扭转的拱廊，融入古蜀道家的构图元素中，将花园构筑成一个旋转上升、内外联通的双层螺旋空间。将自然生境结合文化意境，以丰富的空间体验在小空间中获得以小见大的精神感悟。构筑的表皮肌理随着形态扭转的变化而呈现外疏内密的层次变化，也使得内外中庭空间和走廊空间存在不同的气氛体验。同时随着步道的上升，在高层步道下又形成了新的空间，产生了上下空间联系的新变化。

“悟”境。

“入”境。

“寻”境。

“离”境。

梦 · 蝶

Dreaming Butterfly

蝶梦浮生物我相易，爱与生命缱绻绚丽。

——诗意的秘境

获奖情况：邀请组三等奖
设计方：成都理工大学 南京师范大学中北学院
项目设计 & 完成年份：2020
指导教师：徐巧 莫妮娜
参赛学生：杨弋渟 雷语 余柯瑶 王嵬生 潘攀 金凤
协作单位：成都市植物园
协作人员：刘晓莉 张俊杰 胡峰铭 赖娟娟

林中梦蝶

半载间，我们一起完成“梦·蝶”从平面设计、建模渲染到实体搭建的过程，看着设计从二维到三维的过程实乃一种奇妙的体验。那些原本只存在于脑海里的画面，就这样鲜活地呈现在我们眼前，幸甚至哉。

当日暮将至，绯色与橙黄交织缠绵着惹红了天际，这座象征着爱情与生命的秘园，将投下优美的曲线，与构体交融，聚成成都市花——芙蓉花的模样，层叠盘旋，蝴蝶蹁跹。四周以粉黛乱子草与蒲苇交相辉映点缀梦境——“花”重锦官城。于不经意间明艳一瞥，竟似九霄琼林般清绝。

——杨弋渟

“梦·蝶”在多位老师的指导和小组同学的合作下诞生，从概念草图到方案生成，从效果图到施工图，其中都包含着每个小伙伴的思考与贡献。每一次组内头脑风暴总能迸发出更多思想火花，在分析问题中梦蝶逐渐成形，在解决问题中我们逐渐成长。

对于整个建造的过程，我们充满了期待与担心。我们希望能够向大家呈现出最好的作品效果，但缺乏建造经验又让我们害怕不能向大家传递我们构想的美好景象。然而生活中没有那么多“一切准备就绪”，人们往往就是在一次次挑战中成长。感谢主办方提供的精美素材、感谢协办方工作人员的支持帮助，纵使在实际建造过程中出现了一些难以预料的问题，但迎难而上的作风态度总会帮助我们迎刃而解。

当看到成都市民在我们的作品外围拍照、孩子们在作品里穿梭嬉戏的时候，人们在竹构作品里获得的愉悦，我们也在他们的快乐里感知幸福。设计作品的价值往往是相互的，设计者以为市民带来更加和谐幸福的居住环境而设计，作品又因其被市民所需要所喜爱而获得高光时刻。

——余柯瑶

我试图摆脱城市的桎梏。走在这承载着悠长岁月的竹林里。时不时传来咿咿呀呀的声音，泛黄的竹体诉说着曾经的故事。

听雨打礁石，漫步在竹境的幽灵。片刻后，一缕缕光透过云层，洒在了我身上。我放空思绪。我在竹中梦蝶。

——王嵬生

庄周梦蝶，蝶梦庄周。这其中浸透了中国古代老庄哲学的优秀文化。梦化就是“庄周梦蝶”这个故事所说的人在梦境中变化为另外一种事物。起初被秘境所迷，更为梦境所感，两者相合便产生了梦蝶。虽然构体本身还不甚具象表达，但也是一次有趣的尝试。在竹构建造编织中，构筑我们自己的一方梦境世界。

——雷语

庄周梦蝶的故事让我们感受到他浪漫的想象力和生死物化的哲学观，真实与虚幻，梦境与现实，已经难以区分和判断。用竹子构建出绽放的芙蓉与灵动的蝴蝶，蝶与花交织融合，不同角度下，光影交错间，蝶仿佛被赋予了生命，扇动两翅，羽振蹁跹，这是我们营造的秘境，是浪漫的遐思，亦是阑珊的梦境。

——金凤

本次竞赛让我对竹子的理解更加多样化，通过市民反馈和亲自感受，我们对设计尺度和行为互动有了更深的体会。从初步设想到完成搭建，每一步都历经曲折，在经过方案一步步推翻重来、现场对施工一次次临时调整的努力后，我们最终织造出“梦·蝶”的秘境花园，虽然不完美，但我并不遗憾。

——潘攀

设计构思

中国传统造园，常常通过塑造诗词散文中的意趣来寄情于景，而西方经典造园尤以几何理性化表达著称。在本次设计中，团队梳理了中西方文化中关于“秘境”的情趣与哲思，情景化表达“庄周梦蝶”这一故事主题，从而引发人们体验和思考的兴趣。

“昔者庄周梦为胡蝶，栩栩然胡蝶也，自喻适志与，不知周也。俄然觉，则蘧蘧然周也。不知周之梦为胡蝶与，胡蝶之梦为周与？”

庄子认为，不同事物之间是可以相互转化的。其实不仅是物与我之间的本真关系，同时也是借由我的主体表达物与物之间的物化转变。

竹构设计整体采用双层结构，内部形似蝴蝶展翅，外部形成扭曲不稳定的空间形态。通过内外的两重形态，在变与不变间转换，激发游览者对“秘境”花园的无限想象。那是谁在变化？在互相转化中，究竟何为蝴蝶，何为庄周？俄而觉醒，蝶与境兀自构成一幅缱绻绚丽的美梦图景。

方案生成

■ 形态推演 Morphological deduction

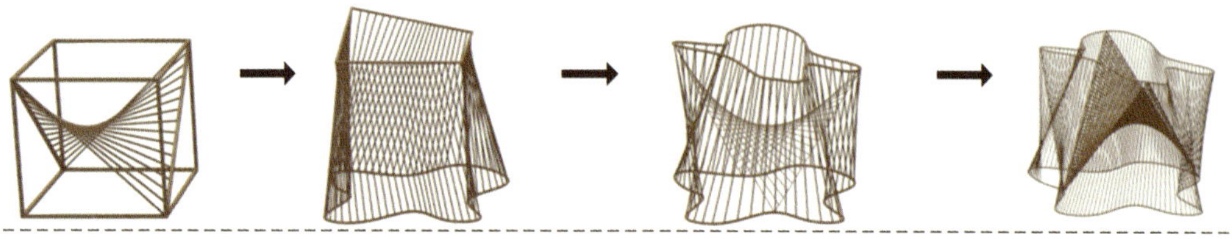

■ 结构分析 Structure analysis

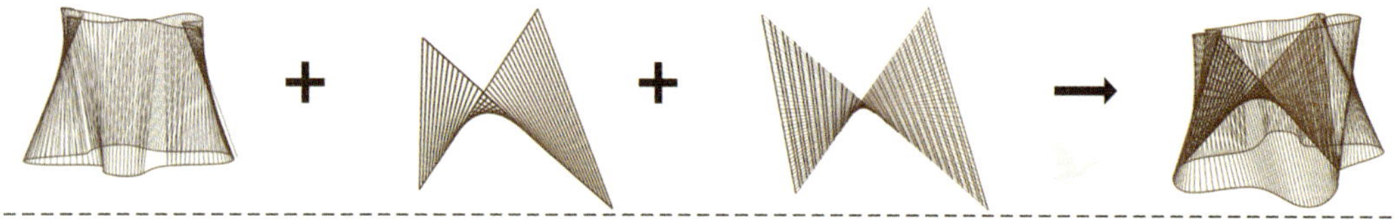

■ 功能分析 Functional analysis

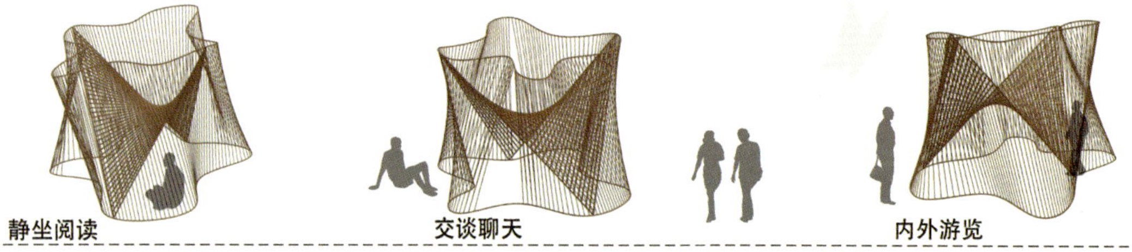

■ 种植设计 Planting design

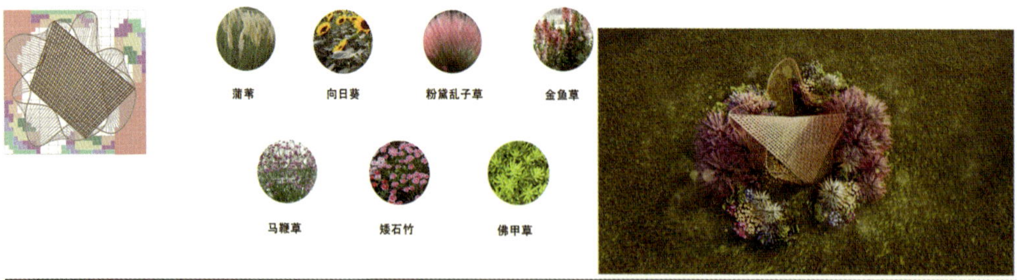

序号	观赏方式	植物名称	品系颜色	Botanical name	Variety/Series	色彩对应
1	观花	蒲苇	/	*Cortaderia selloana*	/	
2		向日葵	文森特	*Helianthus annuus L.*	'Vincent'	
3		粉黛乱子草	粉色	*Muhlenbergia capillaris*	/	
4		金鱼草	橙色	*Antirrhinum majus*	/	
5		马鞭草	桑托斯	*Verbena officinalis*	Santos'	
6		矮石竹	钻石	*Dianthus chinensis L.*	Diamond'	
7	观叶	佛甲草	黄叶	*Sedum lineare Thunb.*	/	

关于空间

所谓梦蝶，虚中有实，实中有虚。这种竹构的表现形式，让人们感受到它已与周围环境融为一体。但是仔细一看，它却又是相对独立的个体。既能透过构体看到周围，也能突出构体本身。

蝶是轻盈、美丽、脆弱的，外框的原竹根根有序，若世间条理，在白色暖石与缤纷梦幻的花境间绕构体漫步。随角度的变化，蝴蝶仿佛振翅翩飞。于入口处俯身，初极狭，才通人；而后视野由小及大，豁然开朗。蝴蝶变换轨迹翻飞的翅膀，将空间分割出有层次的体块，或矫首昂视，或垂目驻足，或放眼远眺，都有不同的美学欣赏乐趣。

通过起伏的竹节和交错的投影，表现蝴蝶花中蹁跹的灵动画面。
光影随时间流逝而动态变化，势如波涛，起伏不定。

生命是爱和灵魂的承载，其势如波涛，间或起伏，包容万物。在这样一个起伏的空间，光影交错间，日晕的炫目与光影的交错容易让人产生今夕何夕的疑惑，进而栖身静享这若梦浮生。

原本的方形几何体让我们感觉内在的蝴蝶形态受到了拘束，所以我们想将其释放出来。

关于搭建细节

构筑整体受力平衡，结构稳定。通过分析不同点的受力情况，将周围的竹构分为结构构件和装饰构件。首先，将外围结构构件进行固定，保证整体的受力结构。其次，进行内部蝴蝶的结构构件安装，使内外受力点均衡传递，内外进行捆扎，形成整体受力结构。最后，进行装饰构件的安装。

四季秋海棠

轮回之境

The Realm of Samsara

秘境 时空 轮回
——永恒的秘境

获奖情况：邀请组三等奖
设计方：西华大学
项目设计 & 完成年份：2020
指导教师：曹伦 钟锦玉
参赛学生：许立顺 李竟语 徐浩可 吴悠 王茜 乔巧 周玉双 王丽萍
协作单位：成都市园林建设技术服务中心
协作人员：夏正林 薛常兵 滕小兰 张剑锋

蒲苇

飞蓬
Erigeron acer Linn
菊科 飞蓬属

汗水 公众记忆 人为的诗意

拿到本次花园建造节的主题“秘境花园”的时候，我就产生了一种浪漫的遐思：“秘境”，是心向往之，不易所及之，也是内心的那份隐秘与朦胧；而“花园”也正如罗伯特·波格·哈里森所言，是人之为人，得以恢复、保存和庇护的场所；建造材料“竹”也唤起了一种情结，渗透到中华民族几千年的精神生活的园圃……元素的碰撞让想象已经蔓延很远，让人只想忘记可循的思路，寻找意义。

想起一句话，“参与设计的人越多，需要平衡和妥协的因素也越多，而多人妥协的结果就是平庸”。但也许像新石器时代人类搭建人工土穴或窝棚，这种时候才能切身体会“众人移山”的能量，在雨中打孔，在暴晒中接绳，在错误中尝试，像个勇士，有些东西因此而变得格外耀眼，平地而起一个构筑物，团队的记忆成为公众的记忆，这是很有成就感的一件事情。

搭建时，犹记黄昏已尽，靠在树上等着植物运输的车子，浸泡在叠加的疲惫里，望见对面的树木影影绰绰，烟雾漾漾的建筑中，暮色延展到湖里，颇有梭罗《瓦尔登湖》中“天空既在我们的头上又在我们的脚下”那意思。在紧绷着神经的缝隙，发呆、恍惚，余晖唤醒了身体里不安分的妄想血液，神秘的、愉悦的。

用植物营造花境，是展现植物自然组合的群体美，不仅是视觉审美，营造的也是一种场域、一种品格。《景观设计学概论》里米歇尔·劳瑞也谈到，除了依附于花园的象征主义，早期文明还赋予某些树木和植物以特殊的含义和寓意，如橄榄、荆棘、无花果和藤蔓。在那个长期处于饥饿状态的时代，人们对具有最长生命周期的树木充满敬畏是很正常的，因为它们代表了肥沃、生命和滋养。由此可见，我们祖先的心灵深处存有模糊神秘的神话和传说，而这些神话和传说对早期的思想和文明有很大影响。同时，作为文化遗产的一部分，仍然会在一定程度上反映在我们今天所持的观点和情感上；而且毫无疑问，这也是我们对植物、园林和园艺一直兴致不减的原因。

营造场域，营造意境，建构与文学一样应该是比局部更加丰富的存在。微型花园里，应该让人看见一棵草就想到一片森林，看见竹的交织就想到独特的空间，是使用人人都能理解的语言表达情感，并拥有一千个哈姆雷特。

人为的诗意是汗水围绕着公众记忆所立起来的精神建构。风也许会把泡沫吹走，但是海洋和沙岸会永远存在。

——徐浩可

设计构思

秘境并不是小众的心理文化概念，而是发现自我。我们将两个封闭循环的莫比乌斯环交错形成空间，使每一步都变幻无穷，形成丰富视角，仿佛置身于时空隧道。人走进迂回的时空隧道，单侧环状不可定向，如同拓扑变换中不可遇见的两点。在交错时空重合，在任意变形下保持不变的结构，意味着永恒未必不可接近。在真实与想象的秘境世界里，寻找认同、发现自我。正如两面即一面的莫比乌斯环，人心的矛盾也在此对立统一，没有说不清的正反，只有走不完的轮回。

设计灵感

秘境

以竖立的莫比乌斯环来营造秘境，跨过它意味着跨过内心对立统一的矛盾，柳暗花明。

时空

串联莫比乌斯环的两个洞口空间所不同的空间行为感受，交织时空感。

轮回

拓扑变换中不可变换点交错重合，环状莫比乌斯体现封闭循环性，使之轮回。

形态生成

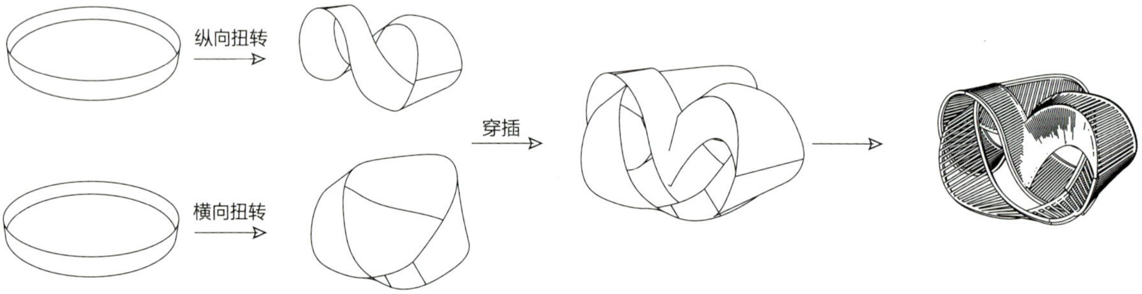

建造细节

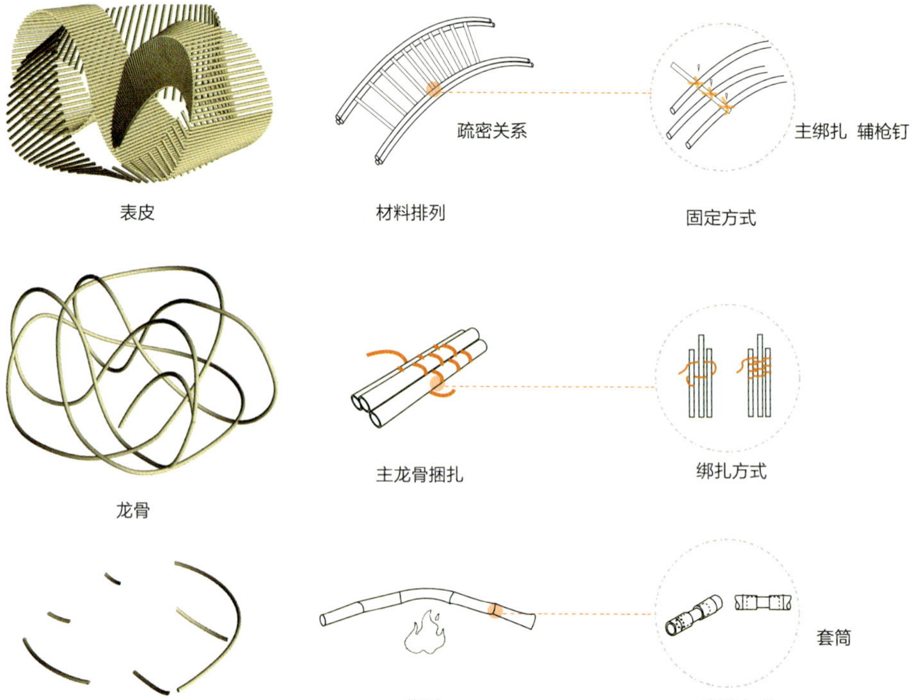

关于空间

形体由两个方向垂直的环状交错而成，一个是8字形，一个是内向性的圈。环状构架形成空间，表皮疏密有致的韵律形成内向型的空间，具有中心性的空间感，因而增强了神秘的体验感。跟随着装置的空间结构，进入双环体后，出发、交错、重逢、轮回，交错的停留空间极具参与趣味性，面湖而憩，视角变化丰富，如同置身于时空隧道。

以结构与编织回应“轮回”与“时空”

用两个方向垂直的莫比乌斯环，设计出围合感较强的空间。表皮以线成面，疏密有致的表皮穿插于迂回的龙骨之间，将时空轮回的概念转换为神秘的空间感受。人巡回于两面如一面的单侧环体中，出发，交错，重逢，轮回，在真实与精神的秘境里，以无限的姿态接近永恒。

“Zhu”梦蜀境

“Zhu” Dreams in Sichuan Fairyland

举杯邀明月，对影成三人。

获奖情况：邀请组三等奖
设计方：重庆交通大学
项目设计 & 完成年份：2020
指导教师：罗融融 温泉 蔡贤云
参赛学生：宋雨芮 杨涛 肖佳妍 夏宇晨 张沂珊 牟鹏 邱雅雄 刘淘孟
协作单位：成都市园林建设技术服务中心
协作人员：夏正林 薛常兵 滕小兰 张剑锋

王俊良 摄

把酒游园

桂溪的秋天很温柔，有柔软的云，有清爽的风，还有一壶温暖的酒。

2020 年秋天的成都桂溪生态公园与往年不同，来自全国各地 21 所高校的学子齐聚桂溪的大草坪上，他们要为成都献上 25 份特别的礼物。

“窗含西岭千秋雪，门泊东吴万里船”。成都是雪山下的公园城市，其独特的地理位置造就了她气候宜人、沃野千里的城市特点。“九天开出一成都，万户千门入画图”。繁荣美丽的成都位于人称“天府之国”的四川盆地，富饶的四川盆地不仅孕育出成都，更有馨香四溢的川酒。巴蜀佳酿，历史悠久，源远流长。川酒承载着巴蜀文化，也给予了四川人逍遥和自在的世俗精神。它是你悠闲时的“浅把涓涓酒，深凭送此生”，也是你忧愁时的“蜀酒禁愁得，无钱何处赊”。它能让你物我两忘、物我同一，把你带至心中的秘境。

没错，我们献给成都这座公园城市的礼物是一杯喝后让人唇齿留香、沉醉其中的“川酒”。金秋桂溪的草坪上留下了我们近四天忙碌奔走的身影，整个过程充满艰辛但妙趣横生，我们亲身经历了竹子从加工到搭建的整个过程，也体会到自己的设计作品被亲手搭建出来的自豪。从施工阶段第一根竹构件埋入土中到竹构主体顺利完成，从第一盆鲜花落点归位到最后花园惊艳绽放。在这期间，我们通过弯曲原竹感受竹子的坚韧不折，在阳光下编织竹篾感受光影的斑驳，也会聆听竹片敲击的悦耳歌声。在这里，有我们清晨薄雾中忙碌的身影，有我们蓝天白云下挥洒的汗水，也有我们夕阳照耀下喜悦的笑容。

与往日在教室画图不同，花园实地的建造更加考验成员自身的动手能力和团队的合作能力，这需要我们拥有良好的身体素质，同时也需要我们展现细致精巧的工匠精神。经历种种不易和艰辛，作品顺利建成，如期呈现在桂溪公园的草坪之上。

付出心血收获的果实往往是最甜美的，正如我们在秋天建成的这个秘境花园。完工的作品引来了人们的关注，有评委真诚的赞美，有情侣合影的喜悦，有孩童天真的打闹，更有我们充满成就感的欢笑。精美的竹构与巧妙的植物搭配，营造出好似花香与酒香相融的动人情景，香味萦绕流动，飘过草坪、湖面和森林，飘进了城市里的大街小巷。

“晓看红湿处，花重锦官城”，拥有两千多年悠久历史的成都自古以来就是富饶美丽的代名词。作为公园里的城市，成都成为人们口中“来了就不想走的城市”。希望桂溪草坪上的这杯“川酒”能够让属于成都的故事多一抹香醇，让来来往往的游人忍不住再尝一口这秋天的美酒。

设计构思

“Zhu”梦蜀境，“Zhu”同逐、同竹、同筑，我们追逐梦想，用竹子筑造巴蜀秘境。单只竹构由多条曲率相同的竹条相互交错形成外框，表皮呼应交错的竹条构成疏密变化的菱形编织，前后由形似掀开的竹帘构成出入口，内部由中心的竹筒和环绕的竹圈起结构支撑作用。三只竹构形似酒瓶错落摆放，飘带串联彼此，形成三人对饮、酒香环绕的情境；植物配置呼应竹构曲线，呈高低有致、自然环绕分布，增添秘境氛围。竹构之间萦回婉转，空间多变，你可以独自“举杯邀明月”，仰望天空星河灿烂；也可以与知己“欢言得所憩，美酒聊共挥”。

设计灵感

巴蜀佳酿，历史悠久，源远流长。川酒承载着巴蜀文化，也给予了四川人逍遥和自在的世俗精神。它是你悠闲时的“浅把涓涓酒，深凭送此生”，也是你忧愁时的“蜀酒禁得愁，无钱何处赊” 。它能让你物我两忘，物我同一，把你带至心中的秘境。

空间与功能

结构

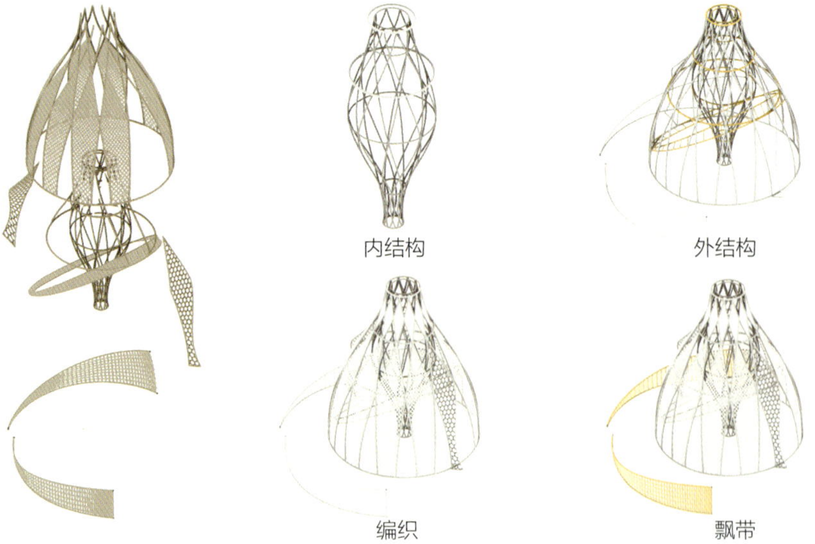

关于空间

在有限的空间内，通过竹片的搭建，给游人以不同的景观体验和空间感受，打造由小径逐渐进入一个封闭空间“对饮赏月”的诗意情趣。

“行”——顺着路径，穿行时的感受。

“品”——近距离的触碰。

“望”——远望时的思考。

关于结构

我们以若干根曲率相同的原竹旋转交错形成外部和内部骨架，采用上下两根大圈梁对结构进行稳固。表皮采用了疏密结合、渐变交错的编织方式，塑造表皮肌理，使得整个构造更加丰富也更具有空间感；在外侧飘带部分用密编的手法，围合出道路，将人引入构筑物之中。

关于搭建细节

为了保证主体的牢固性以及效果的美观性，我们采用了人工绑扎麻绳与钉枪结合的方式，使其兼具牢固性和美观性。

关于植物

以高矮不同的藿香蓟、佛甲草、蒲苇、粉黛乱子草围绕构筑主体四周排列，形成由低到高的序列感，营造出探索的小路，将人引入构筑物之中。

月中梦蝶

Dreaming Butterfly Under The Moon

庄周梦蝶，物我相忘；月中梦蝶，似蝶非蝶。

——东方秘境

获奖情况：邀请组三等奖
设计方：西南民族大学
项目设计 & 完成年份：2020
指导教师：陈娟 曾昭君
参赛学生：田琳璐 刘喻 冯志军 于晨曦 江钰栎 李荣乔 李航
协作单位：成都市植物园
协作人员：刘晓莉 张俊杰 胡峰铭 赖娟娟

秋茶 摄

营造记

机遇

“我行山川异，忽在天一方。”这是杜甫与成都的初次相遇，如此迥然不同的城市风光，田园诗画般的生活，融入现代城市新发展理念，形成了成都现在的公园城市风貌。要说对成都的感情，我最直接的感受是暖，走到哪里都是风景，文化底蕴丰富之极。此次竞赛有幸被选中在我们城市建造作品，这是我们莫大的荣幸，同时这是我们向外界展示这座城市的重要机会。

方案的挑战

对于初次进行实际建造的我们来说，一开始的方向是迷茫的，如何解决尺度问题？如何解决结构问题？如何体现美观性？纸上得来终觉浅，一系列实际问题扑面而来。方案推敲阶段，小组成员都积极投入到设计中；施工图设计阶段，大家都以百倍努力做到极致。施工技术上，实际操作以理论知识为基础，但又比理论知识更具有灵活性和可操作性。特别是在建造过程中，我们体会到图纸与现场施工的差异性，对比图纸进行现场矫正，尽最大努力将误差降低。在建造过程中，小组成员对方案有了更进一步的理解，将图纸上的构想亲自实现出来，并不是一件简单容易的事。

队友的信任

搭建的过程中总是“天有不测风云”，结构出错、地形原因、固定方法等阻挡着建造的顺利进行；而团队的协作能力就在这时候体现出来了，反复调试每种方法，力求达到最有效。每个人都积极参与到建造中来，经过三天半的竹构搭建，我们培养了自己的创新思维与独立解决问题的能力以及团队协作能力。同时，利用这次搭建机会我们接触到了更优秀的团队和作品。各个团队间也互相帮助，我们都得到了很好的锻炼，明确了在剩余的一年大学生活中应该发展的方向，特别是需要锻炼语言交流与沟通能力，努力学习，踏实认真。这是一次难忘的经历与体验。

完美结果

准备过程总是漫长而艰辛的，最后的成果也吸引了不少的游客前来参观体验，他们对我们的设计给予了肯定，也为此次花园建造节画上圆满的句号。这次建造对于每个参赛者而言意义非凡，也为我们自己的理想之路铺了一层厚厚的基石。

作品的建造让我们收获颇丰，看着市民在建好的花园中穿梭观赏、休憩聊天，仿佛看到了未来公园城市的缩影，人们回归绿色，在自然生机的环境中畅游。在公园城市中建造花园，让城市实现生态绿色发展，为市民提供绿色的空间，提高城市生活质量。看着花园受到来往游客的欢迎，我们感到十分欣慰和满足。通过这次建造，我们懂得了与队友的协同合作，坚定了要以认真的态度面对公园城市建设的决心。

设计构思

蝴蝶与人在梦境中相互转化，现实与梦境的转化，虚与实的转化。在转化的过程中，就像是内心走不出的轮回，不知是庄周梦蝶还是蝶梦庄周，最后达到物我两忘的境界。这便是“秘境”。设计采用月洞门元素，作为现实与梦境转化的介质，穿梭在月洞门里，犹如穿梭在梦之秘境中。

设计灵感

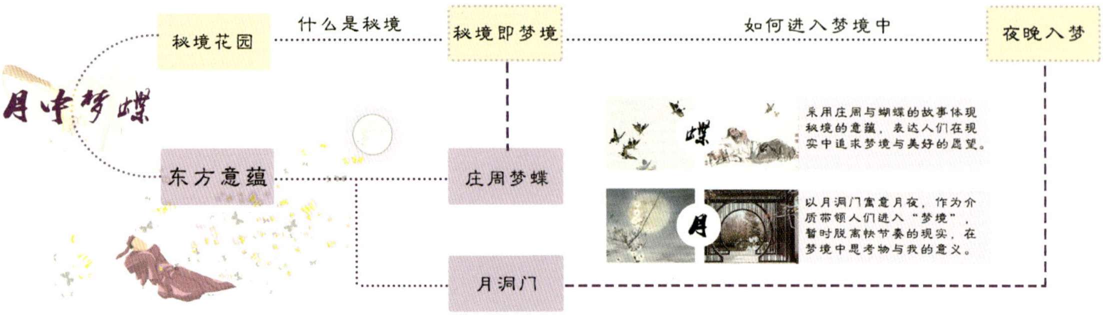

形态生成

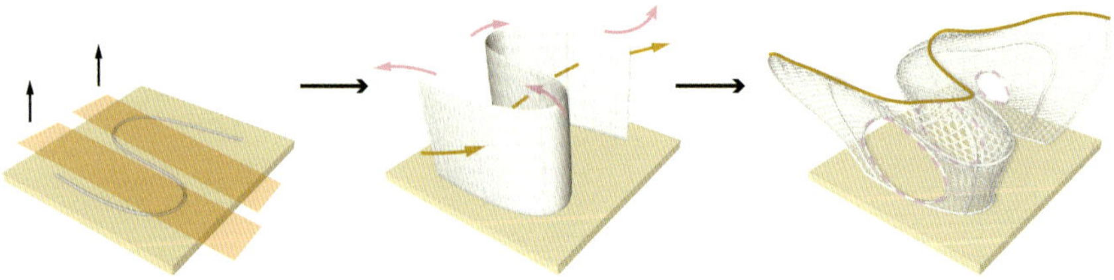

搭建过程示意图

1

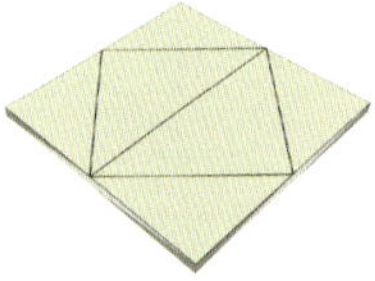

搭建基础

2

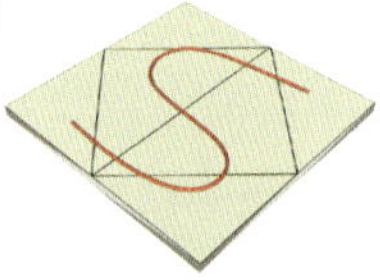

“S”形底座定位

3

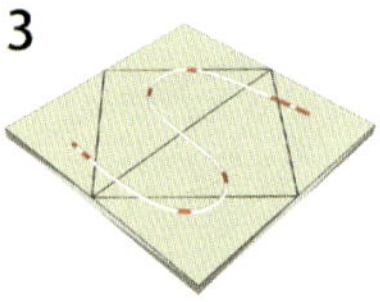

基本骨架定位

4

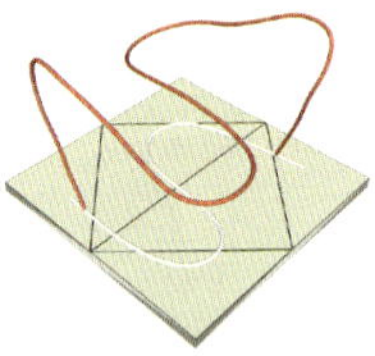

内层骨架搭接

5

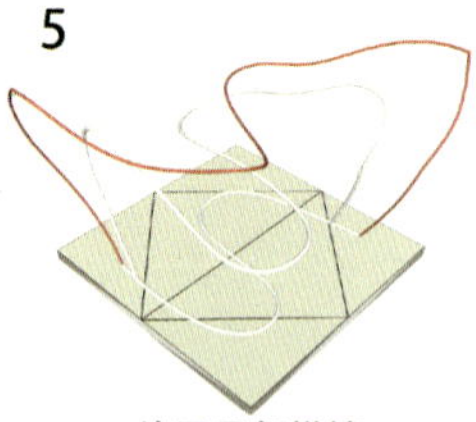

外层骨架搭接

6

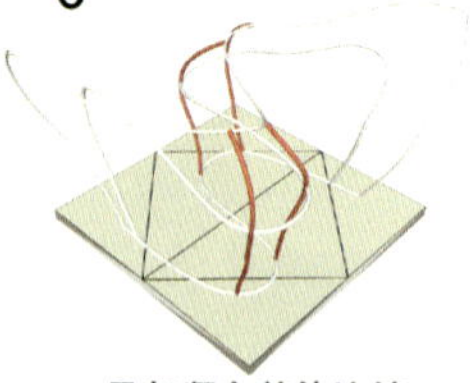

骨架竖向整体连接

7

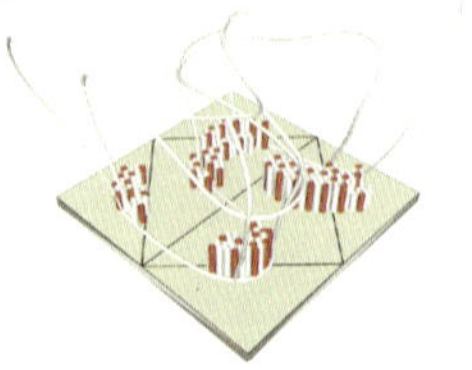

基础底座固定

8

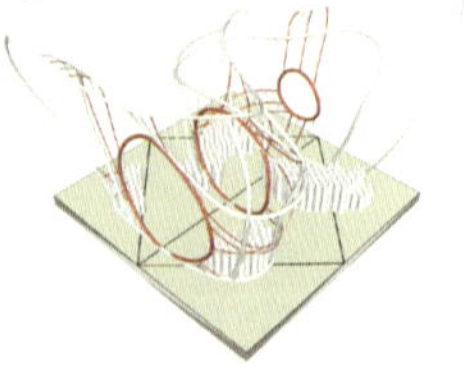

门窗定位搭接

9

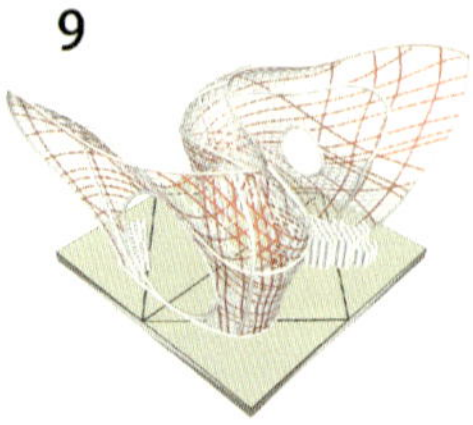

整体编织定型

关于空间

设计整体形态由蝴蝶的形态拟想而来，提取古典园林中的月洞门形态，月洞门的大小由入口向内部逐渐减小，加强透视效果。弯曲的形态将空间划分为多个小空间，加上月洞门的点缀，空间虚实变化，视线流动丰富多彩。竖向上模仿蝴蝶翅膀的形态，流动变化的曲线更加具有灵动性。在不同视角下，呈现着“月中梦蝶”的主题构想。

“探”——月洞门的透视感，将人的视线吸引到竹构内部，瞬间产生一种想要一探究竟的动力。

“踏”——踩着黑白碎石，到往各处盛景。

“憩”——竹筒椅，坐其上，花香四溢，静观佳境。

“寐”——形态的婀娜，竹子的清香，花繁盛景，回味无穷，假以梦寐的秘境。

以结构与编织回应“月中梦蝶”

主体骨架采用加热弯曲的方法，以蝴蝶的翅膀为主要形态。中部结构由主骨架形态变化而来，收放自如；底部结构采用插入土中的方法，将其固定。编织采用整体编织，竹篾由上往下，由密变疏，简单的编织使得整体骨架突出，形态变化灵活有趣。

7

开放展览篇

Part 7:Open Exhibition

成都生活美学，天府花园魅力

Life Aesthetics and the Charm of Gardens in Chengdu

用闲暇片刻，在烂漫花园中，

感受公园城市健康生活，

体验天府绿道花园魅力。

In the garden, in my spare time, feel the healthy life of the Park City,
and experience the charm of Tianfu Greenway Garden.

2020年10月23日至11月24日，2020年成都公园城市国际花园节暨第三届北林国际花园建造节的全部作品在桂溪生态公园面向公众开放展览。1个月间，有近18万人现场参与本次花园建造节，平均每天都有6000余人相约桂溪生态公园，还有60万名市民在线上为活动点赞。来自海内外的数千家媒体奔赴现场，累计传播流量达550万人次，使得成都公园城市的形象深入人心。

花园节展览期间鸟瞰图（李豫龙 摄）

本次花园建造节通过营造“花园奇想”公园城市风景线场景、“天府美学”城市时尚文创生活和“悦动成渝”休闲运动文化体验，实力演绎了公园城市的多彩生活。

7.1“竹”梦桂溪 感受花园奇想

Chasing Dream with "Bamboo" in Guixi Park, Experiencing Garden’s Fantasy

开放展览期间，这些绝美竹构花园成了刷爆成都人朋友圈的网红打卡地，每天前来参观的人络绎不绝。北京林业大学园林学院院长王向荣说：“本次花园建造节参与人数为历届最多、展出作品为历届最优、活动效果为历届最好。”

中国公园协会造访花园节（龚全意 摄）

中国花卉协会造访花园节

中国花卉协会造访花园节

上海市领导造访花园节

7.2 生活美学 共享时尚生活展

Life Aesthetics: Share Fashion Lifestyle Exhibition

除了欣赏花园设计外，活动期间的公园城市2020时尚生活展、天府美学style也很不错。

10月23日至25日，新华文轩、言几又等呈现了“书香成都 悦读世界”活动，打造彰显天府文化特色的“城市阅读美学空间”，实现全民阅读，让众人在知识的海洋里畅游。10月31日至11月1日的文创生活主题周末集市更是展现了“世界文创名城”的风采，1300余人沉浸其中。11月7日至8日举行的咖啡主题周末集市更是吸引了2500人来到现场，普树咖啡、小龙坎等共计16家品牌展现了成都“世界美食之都”的多元魅力。

周末集市夜景

乐器演奏

周末集市

7.3 悦动成渝 解锁别样体育节

Vigorous Chengdu and Chongqing: Unlock the Special Sports Festival

11 月 14 日，足球迷欢聚桂溪，英国足球教练培训讲座、国际足球迷沙龙、爱尔兰足球体验等活动轮番上阵，还有最引人注目的“成渝国际 8 人制英超球迷俱乐部足球锦标赛”，即使天气微冷众人也踢得热火朝天。

11 月 15 日举办的“成都市第三届健身瑜伽公开交流赛”则是瑜伽爱好者的天堂，舒展身体，放松神经，享受治愈时光。

运动员合影

成都市第三届健身瑜伽公开交流赛

成渝国际 8 人制英超球迷俱乐部足球锦标赛

7.4 市民活动

Civic Activities

在开放展览期间，25 个不同的竹构设计作品，为家长和孩子们带来了丰富的游园体验。此外，11 月 21 日举办了“成都——我心中的公园城市”绘画及摄影作品展，200 多个爱好艺术的小伙伴用画笔展示公园城市的美好。

市民活动鸟瞰图（李豫龙 摄）

幸福的一家（文政 摄）

阿姨的微笑（李其沛 摄）

亲子活动（汤宏炜 摄）

花境母子（李本固 摄）

老年生活（龚全意 摄）

可爱的小女孩

花丛中的小姑娘

下棋的母女

画画的孩子们

孩子们的绘画作品展示

指导小朋友画画的老师（钱云 摄）

附录 1
Appendix1

周边产品
Peripheral Products

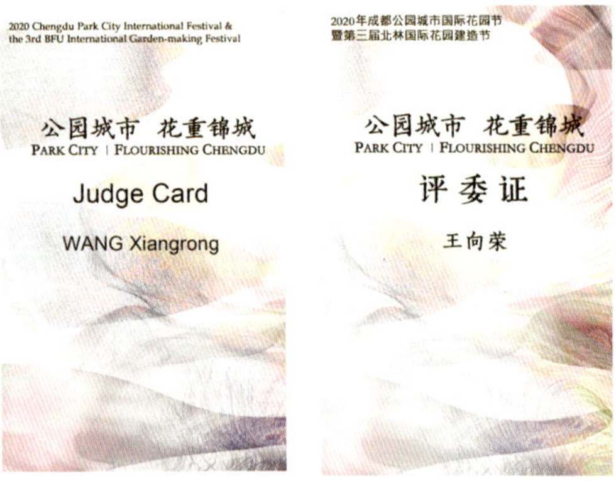

评委证

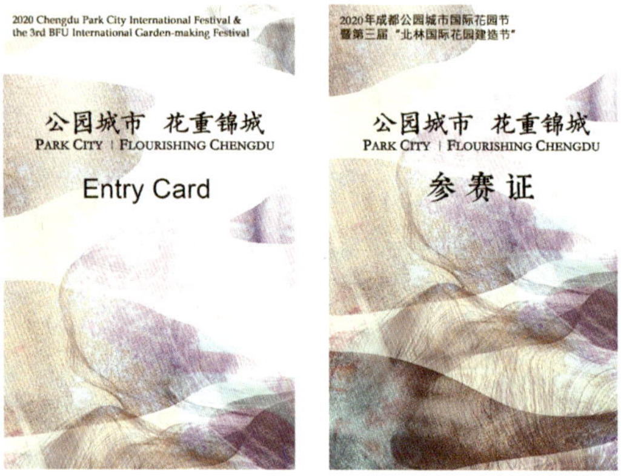

参赛证

工作证

竞赛组奖杯

邀请组奖杯

评审证书

竞赛组获奖证书

邀请组获奖证书

队服

场地标识牌

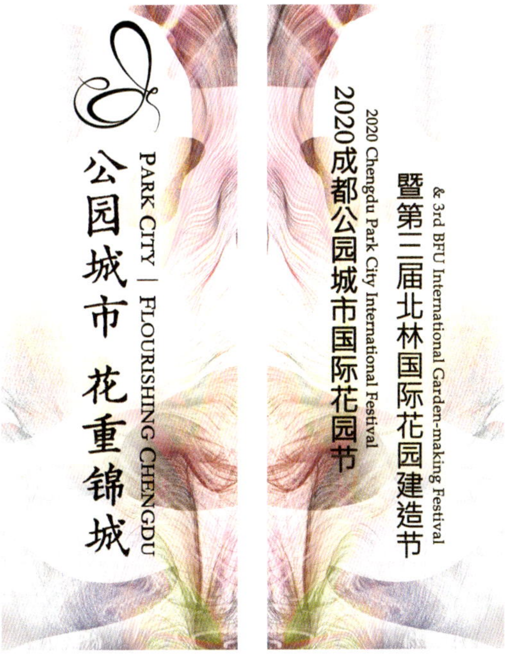

道旗

工作手册

植物标识牌

概览手册

附录 2
Appendix2

感谢信
Letter of Thanks

天津大学建筑学院

感 谢 信

成都市公园城市建设管理局：

2020 年 10 月 23 日，天津大学建筑学院参赛作品《守幕巷》在 2020 年成都公园城市国际花园节暨第三届北林国际花园建造节中获得一等奖。喜讯传来，天津大学建筑学院师生备受鼓舞。花园节建造期间，成都市公园城市建设发展研究院全方位支持建造所需人力、物资，陈明坤院长、冯黎副所长、王雯、李铭及刘洪涛、王毅、周子游等同志为天津大学参赛作品的圆满完成提供了强有力支持。对此，对贵单位的大力支持表示衷心的感谢！对成都市公园城市建设发展研究院支持团队的付出致以崇高的敬意！

2020 年成都公园城市国际花园节暨第三届北林国际花园建造节主题为“公园城市 花重锦城——成都生活美学 天府花园魅力”。此次活动不仅是风景园林行业的盛会，也是中国传统诗意栖居精神走进大众、匠心融入生活的完美展现。此次活动的成功举办进一步促进了新型校地战略合作关系，助力成都建设践行新发展理念的公园城市示范区。

在今后的公园城市建设践行活动中，愿我院众多的科研成果能更好地与贵单位深入展开校地战略合作、共促创新驱动发展，欢迎贵单位领导适时莅津指导。再次感谢贵单位在花园节建造期间的大力支持和帮助，衷心祝愿贵单位全体员工身体健康、工作顺利！

天津大学建筑学院

2020 年 10 月 26 日

天津大学建筑学院致成都市公园城市建设管理局的感谢信

西　南　民　族　大　学

感谢信

成都市公园城市建设管理局：

近日，2020 年成都公园城市国际花园节暨第三届北林国际花园建造节在蓉城举行，我校曾昭君、陈娟等师生 9 人受邀参与并完成了作品“月中梦蝶”的实地搭建。本次活动是风景园林行业的盛会，不仅为校校、校地、校企间的交流夯筑了平台，也创设了宝贵机会使风景园林学子走到台前，在广大市民面前展现了良好的精神面貌与专业形象，传播了诗意栖居精神与匠心生活美学，特此写信表示衷心的感谢！

我校团队顺利完成花园搭建的背后，得益于主办方所提供的大力支持，既包括公园管理局、高校教师的精心组织，也包括竹材公司、对接单位的全力配合。既包括线上多方的耐心沟通，也包括场地上每天食宿、交通的悉心安排。各级领导及工作人员展现出的敬业精神、工作态度与专业素养，生动诠释了创建公园城市的精神内核，也感动和带动了我校师生。在这次活动中，我校教师积累了丰富的教学和社会服务经验，学子们得到了全面的专业技能锻炼，真正实现了产学研多方融合的目标。

- 1 -

感谢主办方给予我校助力成都公园城市建设的机会，未来我校将一如既往地大力支持和积极参与相关活动。衷心祝愿成都公园城市国际花园节越办越好，成为人居环境建设领域更具影响力和辐射性的大学生创新实践品牌活动！

西南民族大学

2020 年 11 月 16 日

西南民族大学致成都市公园城市建设管理局的感谢信

重庆交通大学

感谢信

成都市公园城市建设管理局：

2020年成都公园城市国际花园节暨第三届北林国际花园建造节于近日在蓉城启幕，我校罗融融等师生十人受邀参与并完成了作品"'Zhu'梦蜀境"的实地搭建。本次活动是风景园林行业的盛会，不仅为校校、校地、校企间的交流夯筑了平台，也创设机会使风景园林学子走到台前，在广大市民面前展现了良好的精神面貌与专业形象，传播了诗意栖居精神与匠心生活美学。

我校团队此次顺利完赛，得益于主办方的精心组织、用心筹备与贴心服务。各级领导及工作人员展现出的敬业精神、工作态度与专业素养，生动诠释了创建公园城市的精神内核，也深深感染和带动了我校师生。

十分感谢主办方给予我校助力成都公园城市建设与生活美学传播的机会，未来我校将一如既往地大力支持和积极参与相关活动，共同推进成渝地区双城经济圈建设战略的落地实施。祝愿成都公园城市国际花园节越办越好，成为人居环境建设领域更具影响力和辐射性的大学生创新实践品牌活动！

重庆交通大学

2020年10月26日

重庆交通大学致成都市公园城市建设管理局的感谢信

British
Consulate-General
Chongqing

From the Consul General
British Consulate-General, Chongqing

28/F, Metropolitan Oriental Plaza,
No.68, Zourong Road, Yuzhong District
Chongqing
P.R.China

Tel +0086 23 6369 1500
Fax: +0086 23 6369 1525
Stephen.Ellison@fcdo.gov.uk

15 Dec 2020

To: Yang Xiaoguang

Director General,

Chengdu Municipal Park City Construction and Management Bureau

Dear Yang Xiaoguang,

I am writing to extend my appreciation to your great help on the 2nd British Sports Festival, and your collaboration with us on 2020 Chengdu Park City International Garden Festival & the 3rd BFU International Garden-making Festival. We had great success despite the difficulties in these unprecedented times.

The British Sports Festival, supported by the British Consulate-General in Chongqing and the British Chamber of Commerce Southwest China in Chengdu, is a highlight of 2020, as it took place in parallel with the celebration of the 20th anniversary of the British Consulate-General in Chongqing. Over the past twenty years, UK and Southwest China established a strong, mutually-beneficial relations on government, business, cultural and people to people exchanges. And all parties involved maintained solid commitment to the spirit of openness and cooperation.

We would like to thank you and Chengdu Municipal Bureau of Exposition for the strong support in organising the British Sports Festival. Also, we would like to thank Miss Zhou Min and Miss Zhong Yue from Chengdu International Business Exhibition Service Centre. Their professional work added value and vitality to our event, as well as to the promotion of the organization and service standards of Chengdu MICE business.

Thank you again for your support and we look forward to continuing in-depth cooperation with your team.

Best regards,

Stephen Ellison

Consul general

British Consulate-General, Chongqing

英国驻重庆总领事馆致成都市公园城市建设管理局的感谢信

扫描二维码
获取更多相关资讯

成都市公园城市
建设管理局

北京林业大学
园林学院

成都市公园城市
建设发展研究院